Introduction

Pandémie, invasion de l'Ukraine par la Russie, crises énergétique et alimentaire : en moins de trois ans, l'économie mondiale a traversé une succession de chocs inédits depuis la fin de la Seconde Guerre mondiale. Ces chocs ont profondément perturbé la trajectoire de l'ensemble des économies, tant développées qu'émergentes. Comme ses homologues, la France a subi les répercussions de ces désordres.

Cette série de chocs sont intervenus au moment où la croissance française, dans le sillage de celle observée ailleurs en zone euro, reprenait des couleurs après être restée engluée dans une croissance médiocre depuis le début de cette dernière décennie, quelques années après l'éclatement de la bulle des *subprimes* qui avait vu l'économie mondiale plongée dans la plus grande crise que le capitalisme ait connue depuis la Grande Dépression. En France, l'économie a plutôt bien résisté. En tout cas, la récession y est moins forte que dans un grand nombre de pays développés, à commencer par ses voisins européens. Au début de l'année 2011, la France avait, comme l'Allemagne et les États-Unis, retrouvé son niveau d'activité d'avant la crise de 2008, alors que le Royaume-Uni, l'Espagne ou l'Italie enregistraient un retard de production de 3 à 5 points de PIB par rapport à leur niveau de 2008. Malheureusement, le premier semestre 2011 a vu s'interrompre le processus de reprise engagé deux ans auparavant : sous l'effet du basculement des politiques budgétaires européennes vers l'austérité, l'économie française est entrée dans une phase de stagnation dont elle peinait encore à sortir fin 2019.

Y aurait-il une fatalité européenne, rendant les phases de croissance toujours plus brèves et moins intenses en France et en Europe qu'aux États-Unis ? Ou alors le chômage et la faible croissance ne sont-ils que les résultats de choix peu judicieux ?

L'examen de notre histoire macroéconomique récente fournit assurément quelques éléments de réponse aux questions sur la dynamique en cours. Cet ouvrage, dans une première partie, analyse l'économie française dans toutes ses composantes, en situant les années 2020 et 2021 dans les évolutions de longues périodes.

La seconde partie propose des analyses plus approfondies de la situation économique de la France. Cette partie est décomposée par thèmes qui constituent des aspects majeurs des débats actuels. La France débutant un nouveau quinquennat, nous proposons dans cette partie de revenir sur les cinq dernières années mais également de prévoir une trajectoire de l'économie française pour les cinq années à venir. Les trois premiers thèmes reviennent sur le quinquennat qui vient de s'achever : quel bilan peut-on dresser de l'évolution du pouvoir d'achat au cours de celui-ci ? Le marché du travail s'est-il réellement amélioré depuis 2017 ? Quels sont les premiers effets de la réforme de l'apprentissage ? Le dernier thème propose une trajectoire de l'activité, de l'emploi, de l'inflation et des finances publiques au cours du prochain quinquennat.

*Éric Heyer**

* Éric Heyer a assuré la conception et la coordination de l'ouvrage. Claudine Houdin-Gégu en a suivi la réalisation.

PREMIÈRE PARTIE

L'état de l'économie française

1 / La situation conjoncturelle

Hervé Péléraux et Mathieu Plane

En moins de trois ans, l'économie mondiale a traversé une succession de chocs inédits depuis la fin de la Seconde Guerre mondiale. Ces chocs ont profondément perturbé la trajectoire de l'ensemble des économies, tant développées qu'émergentes. Comme ses homologues, la France a subi les répercussions de ces désordres.

La conjoncture n'est pas un long fleuve tranquille

Dans un premier temps, la crise de la Covid-19 a imposé à la mi-mars 2020 l'instauration de mesures contraignantes d'endiguement de la pandémie. Ces confinements ont conduit à l'arrêt ou à la mise au ralenti de beaucoup de secteurs. La « mise sous cloche » des économies a donc provoqué une récession généralisée d'une amplitude atypique au regard des crises économiques précédentes. Le PIB français a ainsi reculé de 7,9 % en moyenne annuelle en 2020 et celui de la zone euro de 6,2 %. À titre de comparaison, la plus grave crise d'après-guerre, qui était celle des *subprimes*, a conduit en 2009 à une chute du PIB de 2,8 % en France et de 4,5 % dans la zone euro.

Dans un deuxième temps, le relâchement partiel des contraintes au fur et à mesure que la pandémie refluait a libéré les forces de rebond dans la seconde moitié de 2020 et a rendu possible l'amorce d'un rattrapage du terrain perdu auparavant, quoique contrarié par la remise en place de mesures de confinement à l'automne 2020 et à l'hiver 2021. Le PIB français a ainsi crû de 6,8 % en 2021 et celui de la zone euro de 5,2 %.

Ce rebond, qui n'était pas propre à l'Europe, a réactivé les échanges internationaux de matières premières et de produits intermédiaires, depuis les pays producteurs de pétrole ainsi que la Chine et les pays du Sud-Est asiatique vers les pays développés. La brusque reprise de l'activité a ainsi attisé les tensions sur l'offre, dans un contexte où la politique de l'OPEP consistait à n'augmenter que graduellement sa production et où l'activité des pays asiatiques restait sous contrainte pandémique. En Chine notamment, les rebonds successifs du virus fin 2021, couplés à la politique du « zéro-Covid » menée pour y faire face, ont conduit à des arrêts complets d'activité dans les zones confinées, perturbant alors l'approvisionnement des économies clientes de la Chine. La raréfaction des biens intermédiaires et produits semi-finis a affecté l'activité industrielle. En Europe, les difficultés d'approvisionnement arrivent encore largement en tête des freins à la production déclarés par les entreprises industrielles interrogées lors des enquêtes de conjoncture.

Dans un troisième temps, l'invasion de l'Ukraine par la Russie a créé des tensions sans précédents sur le marché de l'énergie. L'inflation, qui n'aurait pu être qu'un choc temporaire lié à l'épuisement graduel des répercussions de la Covid-19, s'est au contraire inscrite dans la durée puisqu'un choc, géopolitique cette fois après le choc Covid et la poussée inflationniste, a accentué les tensions, principalement en Europe. L'invasion de l'Ukraine par la Russie s'est en effet accompagnée de mesures de rétorsion réciproques entre l'Europe et la Russie, avec d'un côté les sanctions occidentales et de l'autre les restrictions mises en place par la Russie sur les livraisons de gaz, dont les pays européens, en particulier l'Allemagne et l'Italie, sont très dépendants. Plutôt que de s'assagir, l'inflation s'est encore accrue au printemps et à l'été 2022 et la possible rupture des approvisionnements de gaz russes laisse planer l'ombre de rationnements quantitatifs préjudiciables à l'activité pour le restant de l'année 2022 et en 2023.

Ainsi, l'inflation a fait un retour spectaculaire à partir du premier trimestre 2021 et s'est accrue continûment depuis lors, bien au-delà de la cible fixée par les banques centrales, c'est-à-dire 2 %. En août 2022, l'inflation (harmonisée) atteignait 6,5 % en France, 9,1 % en zone euro et 8,3 % aux États-Unis.

Portée initialement par la hausse des matières premières énergétiques (pétrole, gaz, électricité) et alimentaires, l'inflation a gagné les composantes sous-jacentes des indices de prix par la diffusion au sein du système productif du choc « matières premières » et par la réponse des salaires à la hausse face à la dégradation du pouvoir d'achat. En réaction à la montée de l'inflation sous-jacente (un peu plus de 4 % en France et en zone euro, et 6,3 % aux États-Unis et au Royaume-Uni en août 2022), les banques centrales ont sévèrement durci la politique monétaire, restée très accommodante jusqu'au début de 2022. Ce cycle de remontée des taux est en lui-même porteur d'un freinage de l'activité qui, dans un contexte conjoncturel très perturbé, fait ressurgir le spectre de la stagflation dans les pays développés.

La compréhension de la situation conjoncturelle française comme européenne se joue dans ce contexte perturbé depuis trois ans.

Un rebond post-Covid interrompu au premier semestre 2022

Dès le troisième trimestre 2021, le PIB de la France était revenu à son niveau d'avant-crise, tiré par le rebond spectaculaire de la consommation et un niveau d'investissement privé élevé. Fin 2021, seuls les exportations, durablement impactées par les difficultés du secteur aéronautique et de l'automobile, et l'investissement public restaient largement en dessous de leur niveau d'avant-crise malgré la mise en place du plan de relance et du plan « France 2030 » (graphique 1).

La dynamique de reprise du second semestre 2021 a été stoppée net dans son élan au premier trimestre 2022 en raison du rapide changement de l'environnement international : renforcement des difficultés d'approvisionnement avec la stratégie « zéro-Covid » de la Chine, guerre en Ukraine et forte hausse des prix de toutes les énergies, montée de l'incertitude géopolitique et hausse des taux face à la persistance de l'inflation.

Le premier semestre 2022 a ainsi été marqué par une stagnation du PIB par tête, en raison d'une forte baisse de la consommation des ménages, cette dernière contribuant à elle seule à réduire le PIB de – 0,5 % au cours des six premiers mois de 2022, la hausse de l'investissement des entreprises et la contribution positive du commerce extérieur compensant le choc négatif sur la consommation. Assez logiquement, la contraction a été particulièrement marquée dans la consommation, en volume, d'énergie (– 3,9 %), de produits agroalimentaires (– 3,5 %) et de matériels de transport (– 4,9 %).

Graphique 1. **Écart des composantes du PIB au point d'avant-crise**

En %, composantes du PIB (indice 100 au T4 2019)

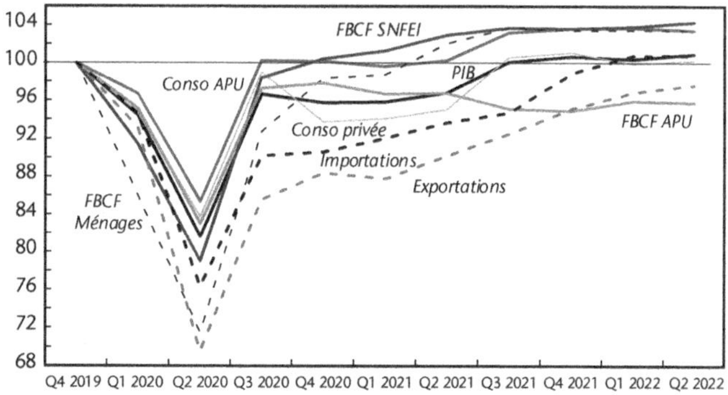

Sources : Insee ; calculs OFCE.

Cette contraction de la consommation est la conséquence directe du recul très significatif du revenu réel des ménages au premier semestre. En effet, le pouvoir d'achat par unité de consommation s'est réduit de 3 % en l'espace de six mois, soit la baisse la plus forte depuis plus de quarante ans si l'on exclut la période du premier confinement au début de la crise sanitaire.

En revanche, l'investissement des entreprises dans son ensemble est resté assez peu sensible à la détérioration de l'environnement conjoncturel, affichant une progression de 0,7 % au premier semestre 2022, contre 0,6 % dans la seconde moitié de 2021. Mais ici, le contraste est très marqué entre l'investissement en matériels de transport, logiquement plus réactif à la crise énergétique (– 16 % au premier semestre 2022 avec déjà – 9 % au précédent), et l'investissement en biens d'équipement et en services marchands qui affichent des progressions respectives de 5 % et 3 %.

Le fait majeur qui distingue cette phase conjoncturelle des précédentes est la résurgence de l'inflation à des niveaux inobservés au cours de ces trente dernières années (graphique 2).

La forte hausse des prix de l'énergie depuis la fin 2021, que le gouvernement a cherché à modérer par la mise en place d'un bouclier énergétique et d'une remise sur le prix des carburants, a néanmoins

Graphique 2. **Taux de croissance…**

En %, en glissement annuel

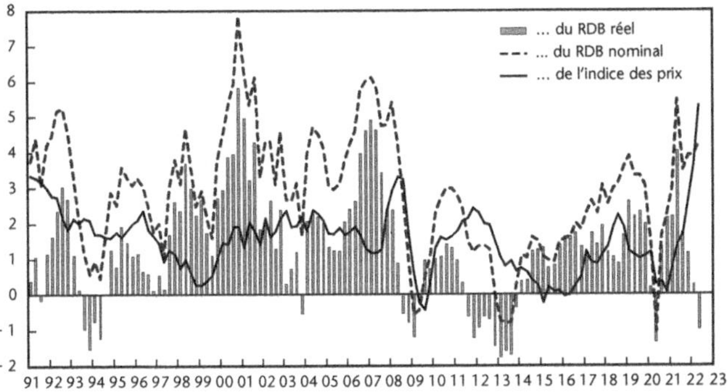

Sources : Insee ; calculs OFCE.

conduit à un choc inflationniste considérable qui est venu rogner le pouvoir d'achat des ménages. Ainsi, malgré le dynamisme du revenu disponible brut (RDB) nominal au deuxième trimestre 2022 (+ 4,3 % en glissement annuel), le RDB réel s'est contracté de 1 % sous l'effet de la hausse du niveau général des prix de 5,3 %.

Une telle évolution n'a été enregistrée qu'à trois reprises depuis 1991 et à chaque fois dans un contexte de faiblesse du RDB nominal, ce qui contraste avec la situation actuelle.

L'analyse de l'évolution du solde de la balance courante illustre l'ampleur du prélèvement lié au choc énergétique. La seule balance commerciale liée à l'énergie s'est dégradée de 1,8 point de PIB sur les sept premiers mois de l'année 2022 (par rapport à la même période de 2019).

Malgré la ponction subie par le pouvoir d'achat, les ménages n'ont pas puisé dans leur sur-épargne accumulée depuis le début de la crise de la Covid-19 pour préserver leur consommation. Le taux d'épargne a certes baissé au premier semestre 2022, passant de 17 % du RDB fin 2021 à 15,5 % mi-2022, mais il reste encore au-dessus de sa moyenne tant de longue période que d'avant-crise (15 % en moyenne en 2019), ce qui accroît encore le stock d'épargne accumulé depuis deux ans et demi (qui atteint 176 milliards d'euros).

Ce chiffre macroéconomique ne reflète cependant pas les situations individuelles des ménages, avec une accumulation d'épargne concentrée sur les ménages les plus aisés, et une exposition au choc inflationniste très différente selon le poids de l'énergie dans la consommation par catégorie de ménages.

L'amélioration de la situation financière des ménages dans leur ensemble depuis le début de la crise a été acquise au prix d'un creusement du déficit public par rapport à celui de 2019, en raison du jeu des stabilisateurs automatiques et de la mise en place des mesures d'urgence et de relance. Les entreprises, quant à elles, ont supporté des pertes de revenu de 44 milliards au cours des neuf derniers trimestres, mais n'ont pas accru leur endettement en raison de l'ajustement à la baisse de la formation brute de capital, notamment en réduisant leurs stocks.

Les chocs se multiplient

La succession de chocs survenus depuis la fin de l'année 2021 ont interrompu la trajectoire de reprise en place au second semestre 2021. Les difficultés de la Chine pour faire face au rebond épidémique au premier semestre 2022, avec l'application stricte de la stratégie « zéro-Covid », et le déclenchement de la guerre en Ukraine le 24 février 2022 ont conduit à une poussée inflationniste à des niveaux quasi historiques, qui grippe le moteur de l'activité. Aux contraintes d'approvisionnement qui entravent la production, s'ajoutent le choc des prix de l'énergie ainsi que celui de la guerre en Ukraine qui devrait se traduire par une montée de l'incertitude peu propice à l'engagement de dépenses nouvelles, tant des ménages que des entreprises. Enfin, le mouvement de remontée des taux d'intérêt directeurs par les banques centrales, engagé au début de l'année 2022 en réaction à l'emballement de l'inflation, pèsera aussi négativement sur la croissance.

Par rapport au scénario établi à l'automne 2021, avec une croissance prévue du PIB de 4,1 % en 2022, l'intégration des chocs survenus depuis conduit à amputer le PIB de – 1,5 points et donc à réviser la prévision de croissance à 2,6 % (tableau 1). En 2023, les pertes de croissance seraient de 1,4 point par rapport à une trajectoire spontanée de 2 %. Avec près de 3 points de PIB perdus en deux ans, le freinage est considérable. Et encore n'intègre-t-il pas l'effet d'éventuels rationnements énergétiques durant l'hiver

Tableau 1. **Évaluation de l'effet des chocs sur la croissance**

En points de PIB

Croissance hors chocs	**2022 : 4,1 %**	**2023 : 2 %**
Choc Omicron et approvisionnements	– 0,3	—
Remontée des taux	– 0,1	– 0,4
Incertitude et tensions géopolitiques	– 0,5	—
Chocs prix de l'énergie	– 1,4	– 1,9
Bouclier énergie	+ 0,8	+ 0,7
Autre mesures budgétaires	+ 0,1	+ 0,2
Croissance prévue	**2022 : 2,6 %**	**2023 : 0,6 %**

Source : calculs OFCE.

2022-2023, ces derniers n'étant à ce stade qu'évoqués comme éventualité.

L'inflation importée va conduire à un choc négatif sur le pouvoir d'achat en 2022

La forte hausse des prix de l'énergie depuis la fin 2021, malgré la mise en place du bouclier énergétique et la remise sur le carburant d'avril, est venue percuter le pouvoir d'achat des ménages.

Selon nos prévisions, sur la base d'un prix du baril de pétrole à 100 dollars, ainsi que du maintien d'un bouclier tarifaire « allégé » avec une hausse attendue de 15 % des prix réglementés du gaz et de l'électricité, l'IPC énergie devrait croître de 22 % en 2022 et de 9,6 % en 2023. Le coût budgétaire de ces mesures est estimé pour le bouclier tarifaire à 16,5 milliards d'euros pour 2022 (10,5 milliards pour l'électricité et 6 pour le gaz) et de 45 milliards pour 2023 (34 milliards pour l'électricité et 11 pour le gaz). La remise carburant est évaluée à 7,5 milliards pour 2022. Au total, le coût budgétaire de ces mesures est de 24 milliards en 2022 (0,9 point de PIB) et de 45 milliards en 2023 (1,7 point de PIB)[1].

1 Le coût net du bouclier tarifaire serait de « seulement » 16 milliards (0,6 point de PIB) en raison principalement des gains budgétaires liés aux revenus tirés des énergies renouvelables, dont les prix sont habituellement subventionnés.

Graphique 3. **IPC, IPC hors énergie et IPC énergie**

En %, en glissement annuel

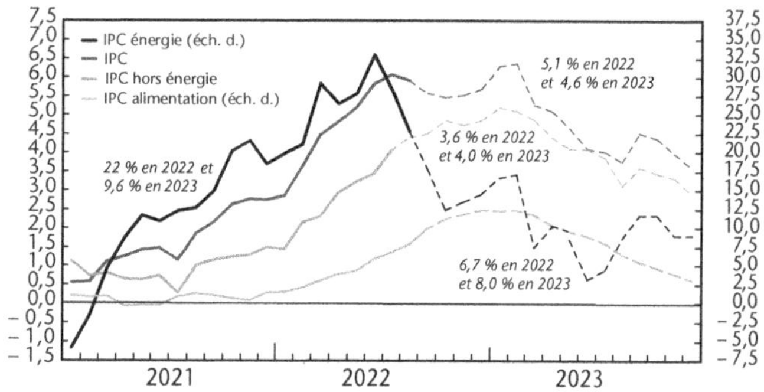

Sources : Insee ; calculs OFCE.

Selon nos estimations, au regard des évolutions des prix du marché de l'énergie, et du coût budgétaire du bouclier tarifaire et de la remise carburant, ces mesures permettraient de réduire directement, hors effets indirects et de second tour, l'indice des prix à la consommation de 2,1 point en 2022 (après 0,2 point en 2021) et de 3,6 point en 2023.

En tenant compte des effets de second tour liés à l'indexation automatique du SMIC et à la hausse nominale des salaires (dont l'élasticité sur les prix est estimée à 0,5), l'inflation hors énergie devrait croître de 3,6 % en 2022 puis de 4 % en 2023. Le salaire mensuel de base (SMB) connaîtrait ainsi une hausse nominale de 3,4 % en 2022 et de 3,8 % en 2023.

Au total, l'inflation augmenterait en moyenne de 5,1 % en 2022, et de 4,6 % en 2023. Il est important de noter que la suppression de la contribution à l'audiovisuel public, en réduisant l'IPC de 0,25 %, permettrait de contenir l'inflation en fin d'année 2022. En revanche, sous l'effet des hausses des factures de gaz et d'électricité en début d'année 2023 ainsi que de la fin de la remise carburant fin 2022, le pic d'inflation frôlerait les 7 % et serait atteint en janvier-février 2023. Sur le reste de l'année, l'inflation diminuerait pour converger vers 3,5 % (graphique 3).

Tableau 2. **Revenu, inflation, épargne**

En %

	2019	2020	2021	2022	2023
RDB nominal	3,4	1,1	4,0	4,4	4,5
Déflateur de la consommation	0,8	0,9	1,6	4,7	4,7
RDB réel	2,6	0,2	2,3	– 0,3	– 0,2
RDB réel par UC	2,0	– 0,3	1,9	– 0,8	– 0,7
Consommation des ménages (en vol.)	1,8	– 6,8	5,2	2,5	0,9
Taux d'épargne (en % du RDB)	**15,0**	**21,0**	**18,7**	**16,4**	**15,6**

Sources : Insee ; prévisions OFCE.

Pour faire face à ce choc inflationniste, le gouvernement a mis en place une revalorisation exceptionnelle des prestations sociales et de l'indice fonction publique (respectivement 4 % et 3,5 % en juillet). Par ailleurs, le SMIC a augmenté de 2 % en août (après une hausse de 3,5 % au premier semestre 2022) et les ménages vont bénéficier au dernier trimestre 2022 de la suppression de la contribution à l'audiovisuel public et de la réduction de la taxe d'habitation, pour un montant total proche de 6 milliards d'euros, soit 0,4 % du RDB annuel.

Dans ce contexte, le RDB des ménages va fortement s'accroître au second semestre 2022 (+ 4,7 % en nominal, 2,5 % en réel), ce qui va compenser en partie les pertes de revenu du premier semestre (tableau 2). En 2023, l'ajustement attendu sur le marché du travail, hors effet de l'apprentissage, va peser sur la dynamique de la masse salariale, et ce malgré les revalorisations attendues des salaires nominaux. De plus, le maintien d'une inflation élevée, dans un contexte de réduction budgétaire des mesures pour protéger les ménages contre la hausse des prix de l'énergie, conduira à une légère baisse du RDB réel en moyenne en 2023, et ce malgré la suppression totale de la taxe d'habitation. Au total, sur deux ans, malgré les mesures budgétaires déployées et la forte revalorisation du SMIC, le pouvoir d'achat par unité de consommation (qui tient compte des évolutions démographiques) se contracterait de 1,5 %, effaçant en grande partie les gains significatifs de 2021.

Si le taux d'épargne a baissé au premier semestre 2022, permettant d'amortir en partie le choc négatif sur la consommation, il reste cependant encore au-dessus de son niveau d'avant-crise

Graphique 4. **Taux d'épargne des ménages et « épargne Covid » accumulée***

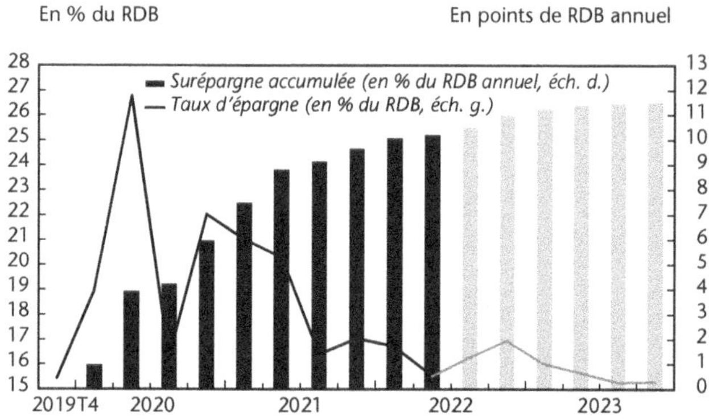

* La partie du graphique en clair correspond à la prévision.

Sources : Insee, prévisions OFCE.

Covid. La forte hausse du RDB réel au second semestre devrait donc s'accompagner d'une nouvelle hausse du taux d'épargne, qui passerait de 15,5 % à 17 % fin 2022 (graphique 4), en raison, d'une part, de l'inertie de la consommation et, d'autre part, d'une incertitude qui resterait élevée dans un contexte géopolitique tendu, avec les risques de rationnement sur l'énergie et le retournement conjoncturel prévu sur le marché du travail.

Durant l'année 2023, le taux d'épargne se réduirait progressivement pour revenir en fin d'année à un niveau proche de son niveau d'avant-crise. En réduisant progressivement leur niveau d'épargne, qui part d'un niveau élevé, les ménages soutiendraient la croissance de la consommation, qui s'inscrirait en légère hausse (+ 0,9 %), bien qu'en fort ralentissement par rapport aux deux années précédentes. Les ménages continueraient donc à accumuler de la surépargne, celle-ci atteignant 1,5 % du RDB fin 2023. Un scénario dans lequel les ménages puiseraient dans ce stock considérable d'épargne modifierait très significativement le scénario macroéconomique. Nous avions montré que la consommation d'un cinquième de cette épargne dans tous les grands pays de l'OCDE pouvait engendrer environ 2 % de croissance du PIB supplémentaire sur une année.

Tableau 3. **Décomposition de la variation du taux de marge des sociétés non financières (SNF)**

En points de VA des SNF

	Moyenne 2018	2021 t3	2022 t2
Taux de marge	31,5	32,6	32,2
Variation par rapport à 2018		1,0	
Effet CSU* dont :		– 2,5	
Productivité		– 0,7	
Salaire réels**		– 1,8	
Effet fiscalité et aides aux entreprises		1,6	
Effet prix relatif***		1,9	
Variation par rapport à 2021T3			– 0,4
Effet CSU* dont :			0,2
Productivité			– 0,8
Salaire réels**			1,0
Effet fiscalité et aides aux entreprises			– 0,5
Effet prix relatif***			– 0,1

* Coûts salariaux unitaires. ** Déflatés par les prix de consommation. *** Ratio prix de valeur ajoutée / prix de consommation.

Sources : Insee ; calculs auteurs.

À l'inverse, un scénario dans lequel l'épargne ne baisserait pas en moyenne en 2023 conduirait inévitablement à une récession.

Le taux de marge résiste mais masque des situations très hétérogènes

Le taux de marge des sociétés non financières reste à un niveau relativement élevé par rapport à la situation d'avant-crise, l'année 2018 servant de référence car l'année 2019 a été une année de double versement du CICE, qui fausse le niveau du taux de marge en raison de cet événement exceptionnel.

Le taux de marge des entreprises s'est amélioré de 1 point de valeur ajoutée (VA) sur la période allant de 2018 au troisième trimestre 2021 (tableau 3) grâce à la baisse de la fiscalité sur les entreprises et aux mesures exceptionnelles qui les soutenaient encore au troisième trimestre, mais aussi à une évolution plus dynamique des prix de VA par rapport aux prix de consommation. En revanche, sur cette période, la hausse des coûts salariaux unitaires a contribué à réduire le taux de marge à hauteur de 2,5 point de VA en raison de la hausse des salaires réels dans un contexte de baisse de la productivité.

Au cours des trois derniers trimestres marqués par la poussée inflationniste, le taux de marge des entreprises s'est peu dégradé (– 0,4 point de VA entre le troisième trimestre 2021 et le deuxième trimestre 2022) malgré la réduction des aides aux entreprises liées à la crise Covid et les importantes pertes de productivité, ces deux éléments contribuant à diminuer le taux de marge de 1,3 point de VA sur trois trimestres. La baisse des taux de marge a été finalement limitée car, d'une part, les salaires réels ont baissé, contribuant à améliorer le taux de marge de 1 point de VA, et, d'autre part, les sociétés non financières ont répercuté la hausse des prix importés dans leur prix de valeur ajoutée, ces derniers augmentant pratiquement autant que les prix de consommation.

La relative stabilité du taux de marge masque une forte hétérogénéité au niveau des branches avec, d'un côté, une forte amélioration de la situation des branches « énergie, eau, déchets » et « services de transport » depuis le début des crises Covid et de l'énergie, et, de l'autre, les « matériels de transport » qui connaissent une chute de très grande ampleur.

La croissance du PIB attendue à 2,6 % en 2022 et à 0,6 % en 2023

Bien qu'ayant résisté jusqu'à présent aux chocs économiques, l'investissement des entreprises se contracterait en raison principalement du fort ralentissement de la croissance et de la remontée des taux. Après avoir augmenté de 1 % en 2022 et de plus de 11 % en 2021, ce dernier baisserait de 1,4 % en 2023. L'investissement des ménages, qui a stagné au premier semestre 2022, subirait également l'effet du renchérissement du coût du crédit mais aussi de l'évolution défavorable du pouvoir d'achat. En revanche, la contribution du commerce extérieur au PIB serait positive, notamment en raison de la baisse des importations d'hydrocarbures. Cette amélioration n'est pas le résultat de gains de parts de marché qui se stabiliseraient en prévision, sans rattraper les pertes issues de la crise. Une hausse des parts de marché n'est cependant pas à exclure, en raison d'une part d'une reprise, qui pourrait être plus forte que prévue, des exportations de matériels de transport, mais surtout de la baisse de l'euro et d'une amélioration de la compéti-

Tableau 4. **Compte emploi-ressources pour la France**

En %

	2021	2022	2023
PIB	**6,8**	**2,6**	**0,6**
Consommation privée	**5,3**	**2,7**	**0,9**
Consommation APU	**6,3**	**2,0**	**0,5**
FBCF totale	**11,4**	**1,2**	**- 1,0**
FBCF SNFEI	11,4	1,0	- 1,4
FBCF ménages	17,0	1,1	- 2,0
FBCF APU	2,7	1,4	2,1
Exportations	**8,6**	**7,0**	**2,5**
Importations	**7,8**	**6,4**	**1,4**
Contributions			
Demande intérieure (hors stocks)	7,1	2,2	0,3
Variations de stocks	- 0,3	0,4	- 0,1
Solde commercial	0,0	0,0	0,3

Sources : Insee ; prévisions OFCE.

tivité-prix des entreprises françaises vis-à-vis de leurs voisins de la zone euro grâce à la moindre inflation en France.

Dans ce contexte, la croissance serait faible mais positive au troisième trimestre (+ 0,2 %), ce que nous confirment les enquêtes conjoncturelles. À la fin de l'année 2022 et au début de l'année 2023, la croissance basculerait en terrain « zéro moins », et le risque de récession ne peut être écarté. À partir du deuxième trimestre 2023, la France renouerait avec une croissance faible mais positive (+ 0,2 % / + 0,3 %) sous l'effet de la remontée de la consommation et de l'arrêt du désinvestissement (tableau 4). La croissance annuelle du PIB serait de 2,6 % en 2022 et de 0,6 % en 2023, dont la moitié proviendrait de la contribution positive du commerce extérieur à la croissance du PIB.

Le taux de chômage augmenterait en 2023

Tirée à la fois par la levée des contraintes sanitaires et par les mesures spécifiques créées pour soutenir l'emploi, comme la prime exceptionnelle de 8 000 euros pour l'embauche d'un apprenti, l'année 2021 a été caractérisée par un très fort rebond des créations d'emplois (+ 878 000

Tableau 5. **Évolution de l'emploi et du chômage**

En glissement annuel, en milliers

Variation	**2020**	**2021**	**2022**	**2023**
Emploi salarié	– 203	793	177	– 205
Marchand	– 293	740	152	– 215
Non marchand	90	53	25	10
Emploi non salarié	78	85	48	10
Emploi total	**– 125**	**878**	**226**	**– 195**
En %	*– 0,4*	*3,1*	*0,8*	*– 0,7*
Population active (en %)	*0,2*	*0,2*	*0,1*	*0,1*
Taux de chômage *(en % pop. act.)*	**8,0**	**7,9**	**7,3**	**7,9**

Sources : Insee ; prévisions OFCE.

en glissement annuel) après des destructions en 2020 (– 125 000) (tableau 5). Au premier semestre 2022, la progression de l'emploi salarié s'est poursuivie (près de 200 000), malgré le net ralentissement de la croissance. Depuis deux ans, cette vigueur de l'emploi surprend au regard du niveau d'activité. En effet, au deuxième trimestre 2022, l'emploi salarié est près de 5 % au-dessus de son niveau de fin 2019, alors que la valeur ajoutée du secteur marchand est de « seulement » 0,8 % au-dessus de son niveau d'avant-crise. Ces pertes de productivité de grande ampleur révèlent ainsi une rétention d'emploi supérieure à 500 000[2] au regard d'un cycle de productivité habituel. D'après les enquêtes de conjoncture, l'emploi devrait encore résister au troisième trimestre, la fin d'année 2022 devrait marquer le début du retournement sur le marché du travail. Les entreprises commenceraient à ajuster leurs effectifs pour récupérer une partie des gains de productivité perdus depuis le début de la crise, ce qui conduirait, dans un contexte d'activité dégradé, à des destructions d'emplois pour le quatrième trimestre 2022 et l'année 2023, sur un rythme d'environ 50 000 par trimestre. Après une baisse quasi continue depuis la mi- 2015 (si l'on omet l'épisode Covid et les confinements), date à laquelle le taux de chômage était supérieur à 10 %, celui-ci augmenterait à partir de la fin 2022, passant de 7,2 % au troisième trimestre 2022 à 8,1 % à la fin 2023, et ce malgré l'objectif d'1 million d'apprentis d'ici la fin du quinquennat.

2 Ce chiffre est corrigé de la forte hausse de l'apprentissage et de la baisse de la durée du travail.

Du « quoi qu'il en coûte » à la gestion de la crise énergétique

Sur l'ensemble de la période 2020-2023, les mesures exceptionnelles prises par le gouvernement pour faire face à la crise Covid ou aux effets de la crise énergétique représenteraient un coût direct pour les finances publiques de l'ordre de 300 milliards d'euros, soit 12 % du PIB (tableau 6).

Environ 70 % des dépenses exceptionnelles sur la période sont consacrées à des mesures d'urgence ou de relance pour faire face à la crise Covid et relancer l'économie.

Face au choc énergétique, le gouvernement a mis en place un bouclier tarifaire et une remise carburant dont le coût budgétaire est évalué à 40 milliards sur 2022-2023 (1,6 point de PIB). Et pour faire face à l'inflation, le gouvernement a accéléré en juillet la revalorisation des prestations sociales et la hausse de l'indice fonction publique pour un coût budgétaire de 10,4 milliards en 2022 (0,4 point de PIB), auquel il faut ajouter une prime exceptionnelle de rentrée et un chèque énergie exceptionnel pour un total de 2,8 milliards (0,1 point de PIB). Quant au plan d'investissement « France 2030 », son coût budgétaire est évalué à 0,3 point de PIB sur 2022-2023.

Après un déficit public qui a atteint 8,9 points de PIB en 2020 et 6,4 points de PIB en 2021, le solde public de la France continuerait, malgré les nouvelles mesures budgétaires, de s'améliorer en 2022 pour s'établir à 5,1 points de PIB, et ce pour deux raisons principales. D'une part, la croissance, bien que révisée à la baisse à 2,6 %, reste largement au-dessus de la croissance potentielle (1,2 %), avec par ailleurs des recettes fiscales qui augmentent plus vite que le PIB, ce qui permet de réduire le déficit conjoncturel. D'autre part, bien que de nouvelles mesures budgétaires d'ampleur aient été mises en place en 2022, l'ensemble du coût budgétaire des mesures serait inférieur en 2022 de 0,4 point de PIB à celui de 2021 en raison de l'extinction progressive des mesures d'urgence liées à la crise Covid.

En 2023, le déficit public baisserait à 4,5 % du PIB, malgré le fort ralentissement de la croissance, la remontée des charges d'intérêt sur la dette, la baisse programmée des impôts sur la production et la suppression complète de la taxe d'habitation. Cela s'explique par la baisse drastique des dépenses d'urgence et de relance, et par la réduction des mesures budgétaires pour faire face à la crise énergétique, qui font plus que compenser les éléments creusant le déficit.

Tableau 6. **Ensemble des mesures budgétaires nouvelles sur la période 2020-2023**

En points de PIB

	2020	2021	2022	2023
Mesures d'urgence	3,1	2,5	0,6	0,0
Mesures de relance*	0,1	0,9	0,8	0,2
France 2030	0,0	0,0	0,1	0,2
Mesures énergie	0,0	0,0	0,6	0,9
Mesures pouvoir d'achat**	0,0	0,0	0,6	0,9
Total	**3,2**	**3,4**	**2,7**	**2,2**

* hors baisse des impôts sur la production.
** y compris indexation accélérée des prestations sociales et hausse de l'indice fonction publique.

Sources : PLF 2022 ; LFR 2022 ; Pstab 2022-27 ; prévisions OFCE.

Après une faible diminution en 2022 à 111,6 % du PIB (contre 112,5 % en 2021), la dette publique, au sens de Maastricht, s'infléchirait légèrement à la hausse en 2023 pour s'établir à 112,2 % du PIB. Cette trajectoire de dette ne tient pas compte des effets de cession d'actifs ou des prises de participation, comme la nationalisation d'EDF.

Pour conclure, face aux nouveaux chocs impactant l'économie française, la révision de la croissance pour 2022 a été de grande ampleur en l'espace de quelques mois. Les incertitudes et aléas restent très élevés et soumis en particulier à des facteurs géopolitiques et au prix des hydrocarbures. Si la réserve d'épargne constituée par les ménages depuis plus de deux ans est un levier positif pour la croissance future, son utilisation à plus court terme reste encore largement incertaine. Par ailleurs, d'autres événements de type financier ne sont pas à exclure avec la remontée des taux. Enfin, l'impact sur la croissance potentielle et les gains de productivité de ces chocs multiples ainsi que la transformation accélérée des économies restent, à ce stade, difficiles à évaluer.

2 / Plus d'un demi-siècle d'économie française pré-Covid

Éric Heyer et Xavier Timbeau

« En matière de lutte contre le chômage, tout a été essayé et tout a échoué », affirmait François Mitterrand pour décrire l'impuissance des politiques économiques et la fatalité du chômage en France : celui-ci augmentait fortement dans les périodes de récession et diminuait très légèrement lorsque l'économie repartait. En fin de cycle, il s'établissait à un niveau systématiquement supérieur à celui enregistré à l'issue du cycle précédent. Dix ans plus tard, au début des années 2000 et après quatre années de baisse consécutive du chômage, l'espoir renaissait : le plein-emploi était envisagé par un grand nombre d'économistes comme possible à l'horizon 2010. Cette « société du plein-emploi » serait atteinte grâce aux évolutions démographiques « favorables » mais surtout subordonnée à la mise en œuvre de conditions de croissance durable et soutenue de l'économie, croissance qui serait de nouveau créatrice d'emplois. Début 2008, le taux de chômage a même connu un « plus-bas » historique sur les trente dernières années, en atteignant 7,2 % de la population active. Ce taux de chômage était inférieur à celui observé en moyenne chez nos partenaires européens, Allemagne comprise. Mais la croissance s'est interrompue en 2008, et le chômage est reparti à la hausse, reportant à d'autres jours la perspective du plein-emploi. Depuis plus de trente ans, la France comme l'Europe sont victimes d'un mal bien particulier. Les aléas de la conjoncture frappent la France comme ils touchent les États-Unis, mais les phases de baisse du chômage sont toujours plus brèves et moins intenses que celles où il augmente. La croissance est à l'avenant, toujours plus décevante en France et en Europe qu'aux États-Unis. Y a-t-il là une fatalité européenne ? La protection des salariés est-elle devenue si excessive qu'elle compromet le fonctionnement efficace de l'économie de marché ? Le modèle social européen est-il incompatible avec la mondialisation ? Ou le chômage et la faible croissance ne sont que les résultats de choix peu judicieux de politique économique ? L'examen de notre histoire macroéconomique récente fournit assurément quelques clefs.

1945-1973 : des Trente Glorieuses à la montée du chômage

Après la Seconde Guerre mondiale, le monde occidental connaît une phase de croissance forte et prolongée (tableau 1). Le modèle de production fordiste se généralise à l'ensemble de l'industrie. La production de masse, les innovations technologiques impulsent la productivité du travail.

L'Europe et la France profitent de cette vague d'innovations à laquelle se rajoutent deux phénomènes spécifiques : la reconstruction, à la suite des dommages de la guerre sur les biens productifs ou résidentiels, et le rattrapage technologique sur les États-Unis. Ce double effort d'investissement en capital et en technologie engendre une croissance de la productivité du travail de l'ordre de 5 % par an. À ce rythme, la production par individu double tous les quatorze ans.

Tableau 1. **Croissance du PIB et de la productivité du travail**

En % par an

	1950-1973	1973-1979	1979-1990	1990-1997	1997-2000	2000-2007	2007-2019
PIB							
France	5,0	3,1	2,4	1,4	3,7	1,9	0,9
Zone euro (17 pays)	4,8	2,8	2,4	1,6	3,2	2,0	0,8
États-Unis	3,6	3,0	3,0	3,0	4,5	2,5	1,7
Productivité par tête							
France	5,0	2,7	2,0	1,2	1,4	1,1	0,5
Zone euro (17 pays)	4,5	2,7	1,8	0,8	1,1	1,1	0,3
États-Unis	2,5	0,4	1,2	1,5	2,4	1,9	1,0

Sources : OCDE ; Maddison [1994].

Les chocs pétroliers, le ralentissement de la productivité

La fin du système monétaire de Bretton Woods (1971) et le premier choc pétrolier suite au conflit israélo-arabe (1973) marquent la fin de cette expansion. Les tensions apparues à la fin des années 1960 ont nourri l'inflation (autour de 6 % en France et en Europe en 1968, 4 % aux États-Unis) et ont rendu nécessaire l'abandon de la convertibilité du dollar. La fin du système monétaire de Bretton Woods a été provoquée par une situation économique devenue ingérable.

L'année 1975 est marquée par une récession mondiale. En moyenne de 1973 à 1979, la croissance retombe à un rythme nettement inférieur à 3 % l'an. L'inflation atteint des rythmes à deux chiffres. Face à la coexistence d'une forte inflation et d'une croissance faible, les politiques économiques peinent à trouver une voie et paraissent impuissantes. L'Europe connaît de grands désordres monétaires et le taux de chômage augmente de pratiquement 5 points en l'espace d'une décennie. Dans les années 1960, il fluctuait autour de 3 % ; il atteint plus de 8 % en 1983.

La fin des Trente Glorieuses se traduit aussi par un très net ralentissement de la croissance de la productivité. En France, la croissance de la productivité du travail est divisée par deux au cours des années 1970 et passe d'un rythme de 5 % l'an à un rythme de 2,6 %. La crise que traversent les économies développées est profonde et le modèle de développement touché dans son cœur.

La trajectoire française est liée à celle de l'Europe, que ce soit en termes de croissance du PIB, d'inflation ou de chômage. L'ébauche de l'union monétaire, avec le « serpent monétaire » créé en 1972, puis le « système monétaire européen » entérinent et renforcent la liaison des conjonctures européennes.

À plusieurs reprises, des écarts apparaissent entre le chômage français et le chômage européen. Ainsi, de 1977 à 1981, la stratégie de politique économique de la France abandonne explicitement l'objectif de plein-emploi. Le gouvernement Barre (1976) lutte activement contre l'inflation. Le résultat en est une augmentation plus forte du chômage que la moyenne des pays européens, avec une performance relative en matière d'inflation médiocre, mais un meilleur contrôle des déficits publics. En 1979, le deuxième choc pétrolier frappe à nouveau l'économie mondiale et relance l'inflation.

Graphique 1. **Chômage en France, aux États-Unis et dans la zone euro**

En %

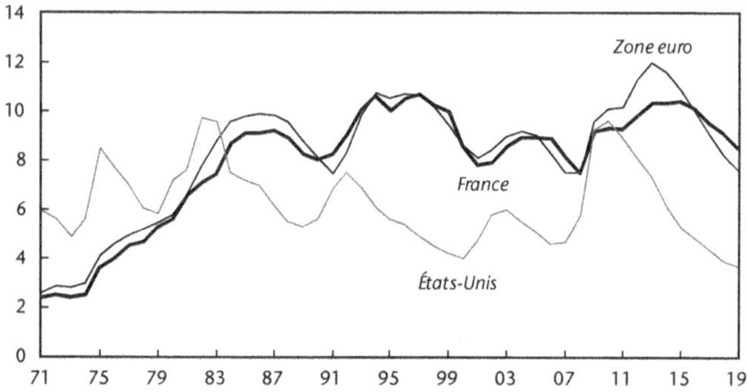

Note : taux de chômage au sens du Bureau international du travail (BIT).

Source : OCDE.

En 1981, les Français élisent François Mitterrand comme président. De grands espoirs sont placés dans une politique de relance vigoureuse de l'activité. L'impact sur le chômage est suffisant pour que la France passe en dessous de la moyenne européenne (graphique 1). Mais cette relance isolée, alors que tous les autres pays menaient des politiques restrictives, a buté sur la contrainte extérieure, c'est-à-dire le creusement des déficits commerciaux (graphique 2) et des paiements courants, obligeant la France à fermer cette parenthèse avec le retour de la rigueur. En 1983, le second gouvernement Mauroy a adopté une stratégie de désinflation compétitive afin de restaurer la rentabilité des entreprises et d'accentuer le freinage de la demande interne.

La construction européenne, l'inflation vaincue

Les situations économiques américaine et européenne s'écartent singulièrement dès le début des années 1980. Les politiques économiques connaissent des orientations divergentes. L'inflation aux États-Unis s'assagit plus tôt qu'en Europe, sous l'impulsion

Graphique 2. **Balance courante en France et aux États-Unis et en zone euros**

En % du PIB

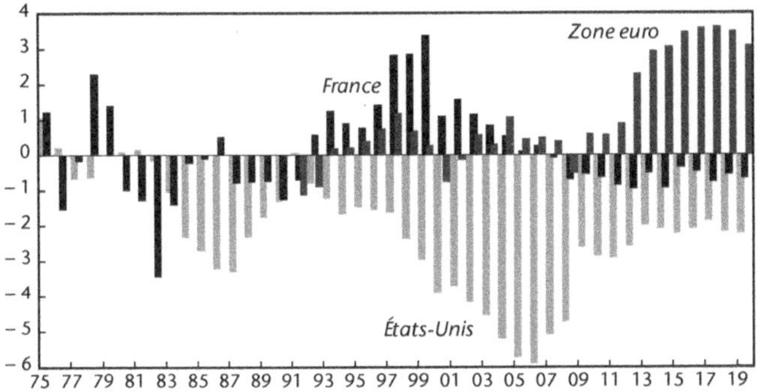

Source : OCDE.

d'une politique monétaire affranchie des contraintes extérieures. La croissance peut alors reprendre durant la seconde moitié des années 1980 aux États-Unis, et le chômage baisse. Le *policy-mix* des *reaganomics* réussit beaucoup mieux que les politiques non coordonnées qui sont menées en Europe.

Le retour de la croissance est plus tardif en Europe, enclenché par le contre-choc pétrolier de 1986. Mais l'écart de chômage avec les États-Unis est creusé. En France, le gouvernement engage une politique de lutte contre l'inflation, la désinflation compétitive, à partir de 1983. Elle consiste à rompre l'indexation des salaires sur les prix, à ancrer le franc sur le deutsche Mark (le franc fort) et à libéraliser l'économie (par les privatisations et la déréglementation).

Menée avec constance, malgré deux alternances politiques, sous quatre ministres des Finances différents, cette stratégie de désinflation compétitive a, dix ans plus tard, fait de la France le pays européen qui respecte le mieux les grands équilibres nominaux et celui dont la stabilité monétaire est la mieux assurée.

Le taux de croissance de l'indice des prix à la consommation tombe de 13,5 % en 1981 à environ 3 % à partir de 1986.

Graphique 3. **Inflation en France, aux États-Unis et dans la zone euro**

En glissement annuel, moyenne mobile d'ordre 4

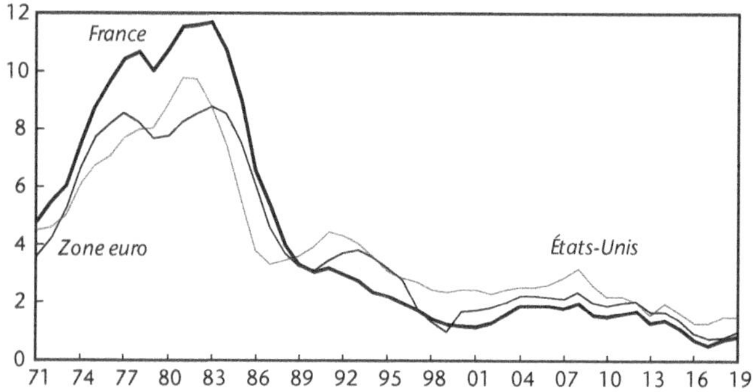

Source : OCDE.

Certes, des circonstances internationales — contre-choc pétrolier, baisse prononcée du dollar — étaient favorables à partir de 1985, mais la performance relative au sein de l'Union européenne est éloquente (graphique 3). Les efforts passés de baisse des coûts (les salaires réels évoluaient moins vite que la productivité du travail) avaient amélioré la compétitivité, alors que la demande interne restait encore relativement dynamique.

Par ailleurs, l'assainissement des finances publiques, souvent présenté comme la condition nécessaire de la désinflation, a été mené à bien au cours de cette période où le déficit des administrations publiques est plus faible que celui enregistré aux États-Unis ou en moyenne dans l'ensemble des pays européens (graphique 4).

La demande des administrations a donc pu s'accroître tandis que celle des ménages était portée par des hausses de salaires réels qui, sans être élevées, restaient significatives. Les effets décalés du contre-choc pétrolier de 1985-1986 ont amplifié la reprise a débuté à la mi-1987 et pris fin au début de 1990. La croissance moyenne a presque atteint 4 % en Europe et l'a dépassé en France (4,3 % en 1988 et 1989).

Graphique 4. **Solde public en France, aux États-Unis et dans la zone euro**

En % du PIB

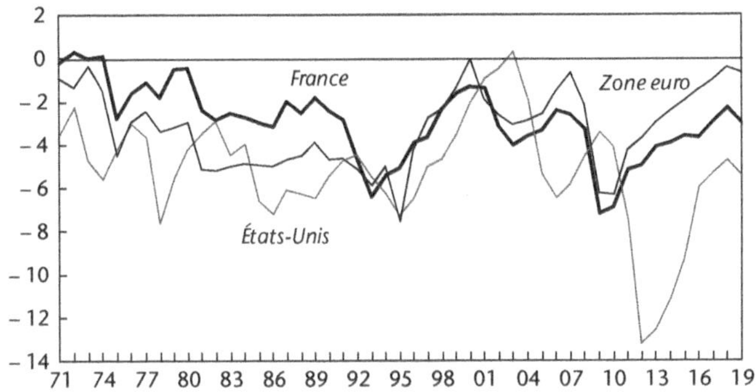

Source : OCDE.

Les années 1990 confirment les divergences entre l'Europe et les États-Unis. La guerre du Golfe (1990) puis la réunification allemande (1991) plongent l'Europe dans la récession en 1993. Le choc de la réunification provoque des tensions inflationnistes fortes en Allemagne. Une réévaluation du mark aurait atténué le choc pour le reste de l'Europe, mais le dogme de l'ancrage persiste dans la plupart des pays européens. La politique monétaire restrictive s'applique à l'Europe entière au lieu de n'agir qu'en Allemagne. Durant cette période, les contraintes d'offre apparaissent secondaires : le niveau élevé de la part des profits permettait aux entreprises un financement aisé des investissements. Il en allait de même pour la contrainte extérieure. L'Europe avait basculé du côté d'une insuffisance structurelle de la demande, sur la lancée des évolutions passées qui visaient à réduire ces contraintes par la baisse de la part des salaires dans la valeur ajoutée. En France, celle-ci a chuté entre 1982 et 1990 ; depuis, elle oscille autour de 65 %.

De la réunification allemande jusqu'en 1997, la politique économique a pour objectif principal la monnaie unique et le respect des critères de convergence prévus par le traité de Maastricht. L'inflation, le déficit public et la dette publique doivent se situer en dessous de niveaux précis. La politique de désendettement de l'État, associée à un niveau élevé de la dépense publique, a conduit à augmenter les prélèvements obligatoires.

En conséquence des politiques menées, la croissance est faible et le chômage grimpe tandis que l'inflation et les déficits publics sont contrôlés.

L'ancrage sur le deutsche Mark, c'est-à-dire la politique du franc fort — qui a été tenu fût-ce au prix d'un choc monétaire dévastateur, en raison de la réunification allemande —, explique une grande partie de l'écart de chômage qui se creuse entre la France et l'Europe. Le chômage est ainsi supérieur d'environ un point en France à celui de la moyenne de la future zone euro (graphique 1) alors que l'inflation y est environ inférieure d'un point (graphique 3).

La croissance « molle » de l'Europe contraste avec le dynamisme américain et, alors que l'Europe rattrapait les États-Unis durant les années 1960, les niveaux de vie ont crû beaucoup plus vite aux États-Unis qu'en Europe pendant les années 1990.

Le choix de l'Europe, en enfermant les marges de manœuvre budgétaires, dont pouvait disposer le gouvernement français dans un carcan incompressible, a certes freiné dans un premier temps l'activité économique du pays ; mais il a toutefois porté ses fruits par la suite en restaurant la crédibilité de la France, ce qui s'est traduit par une réduction de la prime de risque sur les taux d'intérêt et une restauration de la compétitivité. La perspective de l'Union monétaire a rendu possible, dès 1997, un volontarisme politique en matière économique.

Le retour temporaire de la croissance

De 1997 à 2001, l'Europe a connu une période de croissance. Le chômage a amorcé une décrue dès le milieu de l'année 1997 et, après trois années de croissance, le débat public s'est porté sur le plein-emploi. Quel est le taux de chômage que peut soutenir l'économie européenne ? Combien de temps pour retourner au plein-emploi ?

La période de croissance a été alimentée par le rattrapage du retard d'investissement accumulé pendant le début de la décennie 1990. Mais la reprise de la croissance de la productivité du travail aux États-Unis a été nette depuis 1995, laissant espérer une vague de croissance portée par les nouvelles technologies de l'information et de la communication. Les biotechnologies pourraient prendre le relais dans un avenir proche. Aux États-Unis, la productivité croissait à la fin des années 1990 à un rythme comparable à celui qu'elle avait pendant les Trente Glorieuses (tableau 1). L'écart avec l'Europe se creuse, mais une diffusion de cette vague de croissance permettrait à l'Europe de retrouver une croissance vigoureuse, en reproduisant le rattrapage sur l'économie dominante. Jusqu'à maintenant, pourtant, la productivité européenne n'affiche pas une rupture à la hausse dans son rythme de croissance.

De 1997 à 2000, la France a enregistré la plus faible inflation des grands pays d'Europe, la plus forte croissance et, en même temps, le plus important excédent de la balance courante. L'Union monétaire ne saurait pour autant expliquer à elle seule les résultats obtenus en France. Car le changement qui s'est produit depuis 1997 en termes de croissance et d'emploi ne s'est retrouvé ni en Italie ni en Allemagne, alors même que ces deux pays se situaient dans le même environnement international et monétaire.

La politique de l'emploi en France à la fin des années 1990 a comporté quelques innovations ambitieuses. Les allègements de charges sur les bas salaires, les emplois jeunes (mis en place en 1997 et développés durant les années 1998 et 1999) et les 35 heures ont contribué à la bonne performance de l'emploi en France et à la réduction de l'écart de chômage avec ses principaux partenaires. En 2000, alors que la France connaît une croissance comparable à celle de la zone euro, proche de 4 %, le chômage se réduit nettement plus (1,4 point en France contre 0,9 point dans la zone euro).

De l'éclatement de la bulle Internet...

À partir de 1999, la Fed commence à relever ses taux directeurs (six fois de suite). La bulle Internet finit par éclater dès mars 2000, sous la forme d'un krach boursier dont les répercussions seront mondiales. Les profits réalisés à compter de 1995 par les sociétés du Nasdaq vont être totalement volatilisés par l'ampleur des pertes enregistrées entre 2000 et 2001 (148 milliards de dollars). La vague de croissance s'interrompt brusquement. Quelques failles sont apparues dans le modèle de croissance technologique : surcapacités dues à des anticipations par

Tableau 2. **Position budgétaire en France, en Europe et aux États-Unis**

En points de PIB

	2001-2007	2008-2010	2011-2015	2016-2019
Croissance du PIB (en %)				
France	1,9	- 0,3	1,0	1,7
Zone euro (17 pays)	2,0	- 0,7	0,8	1,9
États-Unis	2,5	0,0	2,2	2,3
Solde public				
France	- 2,9	- 5,8	- 4,3	- 3,0
Zone euro (17 pays)	- 2,2	- 4,9	- 3,1	- 0,9
États-Unis	- 3,0	- 4,0	- 10,8	- 5,4
Impulsion budgétaire				
France	0,2	0,6	- 0,6	0,4
Zone euro (17 pays)	0,1	0,9	- 0,8	0,2
États-Unis	0,6	1,9	- 1,2	0,5

Sources : Comptabilités nationales ; calculs OFCE.

trop volontaristes ; rentabilité décevante de projets, qui, après coup, apparaissent plus fumeux qu'ambitieux ; spirale du bluff et de la surenchère qui aboutissent à des scandales financiers spectaculaires (scandales Enron et WorldCom). Le doute a fait place à l'euphorie, et les entreprises, même celles qui ont des perspectives raisonnables, sont étranglées par des financements qui fuient le risque. L'indice Nasdaq ne reprendra son souffle qu'après deux ans de chute vertigineuse.

L'Europe paraît particulièrement maladroite dans la gestion de cette crise dont les enchaînements rappellent 1929, et dont le remède de politique économique est connu depuis Keynes : relance vigoureuse, aisance monétaire pour rompre les cercles vicieux et réenclencher la machine économique. Mais la politique budgétaire européenne est prisonnière du Pacte de stabilité et de croissance, ses centres de décision sont presque sourds à la conjoncture. En cumulé sur la période 2001-2007, l'impulsion budgétaire européenne, c'est-à-dire l'impact délibéré de la politique budgétaire et fiscale sur la croissance, n'a été que de 1,2 point de PIB. Aux États-Unis, elle aura été de 3,5 points de PIB (tableau 2).

Graphique 5. **Indice des prix de l'immobilier**

100 = 1996q1

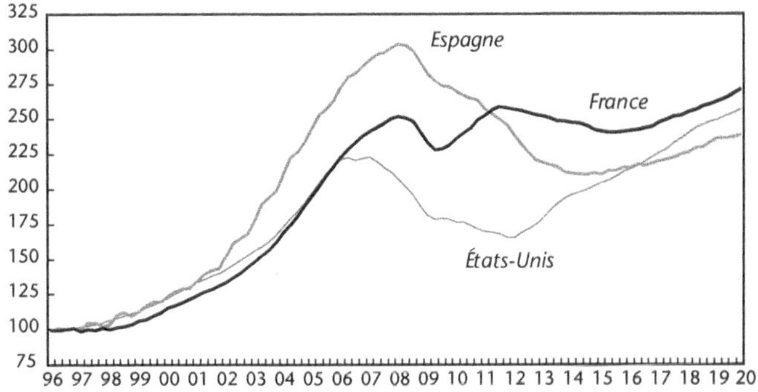

Sources : ministère du Logement ; Insee ; Standard & Poor's ; OFHEO.

... à la formation de la bulle immobilière...

La forte baisse des taux d'intérêt organisée par la FED au cours de cette période a été un élément qui a contribué à l'existence de la bulle spéculative en facilitant l'emballement du crédit.

Mais il n'en est pas l'unique responsable. Alors que la zone euro s'enlisait dans une croissance molle, les pays émergents ont connu dans le même temps une croissance dynamique, tirée principalement par les exportations. Parmi eux, le Brésil a enregistré entre 2002 et 2005 un accroissement de 13 % de son PIB, la Russie 6,7 %, l'Inde environ 7 % et la Chine 10 %. Ce fort dynamisme des pays émergents a conduit à un excès mondial d'épargne, entraînant une baisse des taux d'intérêt à long terme entre 2000 et 2005. Stimulée par la faiblesse de ces taux longs et du développement d'un marché mondial des produits titrisés fondés sur les crédits à long terme, les banques ont accordé davantage de prêts hypothécaires, allant jusqu'à prêter, à taux variables, aux ménages les moins solvables (*subprimes*). Cette pratique a engendré une forte augmentation du taux d'endettement des ménages et a nourri une bulle immobilière aux États-Unis mais aussi dans de nombreux pays européens (graphique 5).

… débouchant sur la plus grande crise financière depuis 1929

Fin 2006, cette bulle immobilière éclate : les ménages endettés se retrouvent en possession de biens immobiliers valant moins que la valeur d'achat et un coût de leur crédit qui s'accroît fortement avec la hausse des taux d'intérêt. La forte hausse des saisies de logements par les banques cause la faillite en masse de plusieurs entreprises de prêts hypothécaires à risque, conduisant à l'effondrement du prix des actions de l'industrie du crédit. De leur côté, ayant investi dans ces *subprimes* par l'intermédiaire de la titrisation, les secteurs des banques et des assurances sont particulièrement touchés. Conjugué à un manque de transparence du marché secondaire des hypothèques, cela débouche sur une crise de confiance dont le paroxysme est atteint le 15 septembre 2008 avec la faillite de la banque d'investissement américaine Lehman Brothers. Pour renflouer les banques et « dégeler » le marché interbancaire, les États mettent la main à la poche : aux États-Unis, le « plan Paulson » garantit 700 milliards de dollars d'actifs à risque. En Europe, les plans nationaux de sauvetage, sous forme de prêts et de garanties, se chiffrent à 1 700 milliards d'euros. Si ces interventions ont permis d'éviter la faillite d'une autre grande banque, cela n'a pas empêché l'économie mondiale d'entrer, à la fin de l'année 2008, dans une phase de récession sans précédent.

Une politique européenne non coopérative

Au cours de cette période, à la faiblesse du *policy-mix* en Europe s'est associée une politique non coopérative de la part des gouvernements des pays membres. À cet égard, le redémarrage de l'économie française a été tempéré notamment par la politique de désinflation compétitive menée outre-Rhin depuis le début des années 2000 et qui a été amplifiée en 2007 par l'augmentation de trois points de TVA et la baisse de cotisations sociales en Allemagne.

En augmentant l'imposition des biens importés et en améliorant la compétitivité-coût des entreprises allemandes, cette politique s'apparente à une dévaluation réelle qui pèsera sur l'ensemble des économies européennes. Elle a permis à l'Allemagne de renforcer ses gains de parts de marché au détriment des autres grands pays européens, et notamment de la France.

Cela s'est traduit par un ralentissement de l'activité dans l'Hexagone au cours de cette période. Le défi de coopération à l'intérieur de l'Union européenne est aujourd'hui plus grand que jamais. La crise financière des années 2008 et 2009, la récession engagée et qui est loin d'être résorbée laissent des déficits importants et une dette publique considérablement accrue. Dans ce contexte, le Pacte de stabilité et de croissance induit une politique restrictive trop violente et trop rapide qui peut précipiter l'Union dans une nouvelle récession et réenclencher la panique bancaire et financière. Une politique raisonnée de stabilisation des finances publiques viserait un équilibre entre la gestion des différents risques systémiques. L'Union en paraît incapable et devient le maillon faible de l'économie mondiale.

L'observation des trente-cinq dernières années nous livre un enseignement robuste : les périodes de recul du chômage ont toutes été des périodes de retour de la croissance à un rythme soutenu. La faible croissance observée au cours des dernières années a valeur de test : soit les Européens mettent en place une politique économique commune apte à répondre à cet imprévu, soit ils tirent chacun de leur côté, retombant alors dans les travers des années 1980 et 1990.

Repères bibliographiques

ARTUS P. et CETTE G. [2004], « Productivité et croissance », *Rapport du Conseil d'analyse économique*, n° 48, La Documentation française, Paris.

BLOT C. [2007], « Les Allemands sont-ils à l'abri de l'appréciation de l'euro ? », *Clair et Net*, OFCE, 3 juillet.

FITOUSSI J.-P. [2005], *Rapport sur l'état de l'Union européenne*, Fayard/Presses de Sciences Po, Paris, mai.

HEYER E. [2016], « Le chômage, d'une crise à l'autre : retour sur un mal durable », *Cahiers français*, n° 394, septembre-octobre.

MADDISON A. [1994], *Dynamic Forces in Capitalist Development*, Oxford University Press, New York.

TADDEI D. et CORIAT B. [1993], *Made in France*, Le Livre de Poche, Paris.

TIMBEAU X. [2002], « Le partage de la valeur ajoutée en France », *Revue de l'OFCE*, n° 80.

3 / La place de l'État dans l'économie

Mathieu Plane et Raul Sampognaro

Avant le déclenchement de la pandémie de la Covid-19, les dépenses des administrations publiques (APU) s'élevaient à 55,4 % du PIB en 2019 en France, ce qui plaçait la France au niveau le plus élevé de l'OCDE avec les pays scandinaves (Danemark, Finlande et Suède). La politique de soutien à l'économie visant en particulier à préserver les bilans privés au cours de la pandémie s'est traduite par une forte hausse de la dépense publique en pourcentage du PIB. Ce chiffre s'établit à 59,0 % en 2021. En dehors du contexte de crise sanitaire, la France se distingue des autres pays non pas par l'importance des dépenses de l'État ou des collectivités locales, mais par celle de son système de protection sociale. Cette spécificité explique aussi la structure de ses prélèvements obligatoires (PO), où les cotisations sociales sont élevées, en dépit des réformes successives menées depuis le début des années 1990.

Les contraintes en matière de déficit public liées à la gouvernance budgétaire européenne ainsi que la concurrence fiscale au sein du marché unique ont incité les gouvernements, à partir du milieu des années 1990, à réduire les déficits publics, notamment par la baisse du poids des dépenses publiques dans le PIB. Ce mouvement a connu une pause à la suite de la crise des *subprimes*. Le jeu des stabilisateurs automatiques et les politiques de relance mises en œuvre ont conduit à une forte augmentation du poids de celles-ci. Cette augmentation n'a pas encore été effacée en dépit de la politique d'austérité budgétaire menée à partir de 2010, réalisée essentiellement à travers la hausse de la fiscalité. Le choc économique lié à la crise de la Covid-19 va laisser des traces profondes sur les finances publiques, comme l'atteste la hausse de la dette publique de 15,5 points de PIB entre la fin 2019 et la fin 2021. À plus long terme s'ajoute l'épineuse question du financement des dépenses sociales, notamment des retraites et de la santé, liée au vieillissement de la population.

Un poids croissant des dépenses et de la dette publiques

Depuis 1960, les dépenses des APU ont augmenté de 24 points de PIB, sous l'effet du développement du système de protection sociale, du vieillissement de la population et de la montée du chômage. Jusqu'à la fin des années 1970, la France se situait à un niveau proche de la moyenne européenne. Le décrochage entamé dans les années 1980 s'est accéléré à partir de 1993, les dépenses publiques atteignant cette année-là un point haut en France (55,2 % du PIB). De 1993 à 2007, la plupart des pays de l'OCDE ont réduit la part de leurs dépenses publiques dans le PIB. La réduction a été particulièrement marquée dans la zone euro (– 6,2 points de PIB sur la période contre « seulement » 2,6 points en France) (graphique 1). Entre 2007 et 2019, sous l'effet de la crise, les dépenses publiques ont augmenté de 2,8 points de PIB en France et de 1,3 dans la zone euro. Et pourtant, la France a réalisé d'importants efforts de maîtrise de la dépense publique : en moyenne annuelle, elle n'a crû (hors les crédits d'impôts comptabilisés en dépenses, comme le crédit d'impôt pour la compétitivité et l'emploi — CICE) que de 1,4 % en volume entre 2007 et 2019 (contre 2,1 % au cours des dix années précédant la crise) et ce malgré la hausse des prestations chômage et le plan de relance de 2009. C'est le ralentissement de l'activité (le taux de croissance du PIB était passé de 2,4 % en moyenne sur la période 1997/2007 à 1,1 % sur la période 2007-2019) qui explique la hausse des dépenses publiques dans le PIB et non pas le relâchement de la dépense. Après la crise, la consolidation budgétaire a été particulièrement marquée à partir de 2010. Dans un premier temps, l'essentiel de l'effort budgétaire a été fait à travers la hausse des prélèvements (+ 3,6 points de taux de PO entre 2009 et 2013). Depuis 2013, les efforts budgétaires du côté de la dépense publique se sont accentués, ce qui a permis d'engendrer des économies structurelles significatives (2 points de PIB sur la période 2013-2019). La réponse économique à la crise de la Covid-19 a stoppé cette évolution. Le déploiement massif de l'activité partielle, les aides aux entreprises

Graphique 1. **Les dépenses publiques dans les grands pays de l'OCDE**

En % du PIB

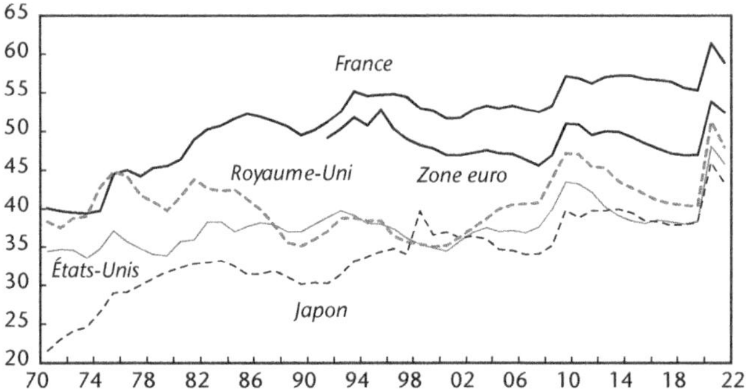

Sources : OCDE ; Insee.

et aux indépendants et la hausse des dépenses dans le système sanitaire ont fortement augmenté la dépense publique en 2020. Au cours de cette année, la dépense publique a atteint plus de 61 % du PIB, un maximum historique. En 2021, malgré l'atténuation de la crise sanitaire, la dépense publique est restée à un niveau bien supérieur à celui de 2019 (59,0 % du PIB).

Entre 1978 et 2021, les dépenses publiques sont toujours restées supérieures aux recettes (déficit moyen de 3,5 % de PIB). Au cours de cette période, la dette publique française au sens de Maastricht est passée de 21,2 % du PIB à 112,5 % en 2021. Comme l'investissement public est resté élevé (4,0 % du PIB en moyenne), les APU ont tout de même accumulé des actifs en contrepartie. Depuis 1978, les actifs financiers (69 % du PIB en 2020) et non financiers (103 % du PIB en 2020) détenus par les APU sont toujours restés supérieurs à l'ensemble des engagements financiers des APU[1] (164 % du PIB en 2019). La valeur nette du patrimoine des APU était de 8 % du PIB fin 2020, correspondant à un actif net de 2 800 euros par habitant.

1 Cette mesure comprend l'ensemble du passif financier des APU, alors que la dette brute au sens de Maastricht exclut les produits dérivés et les autres comptes à payer.

La structure des dépenses publiques

Les dépenses publiques de la France sont de près de 8 points de PIB au-dessus de la moyenne de la zone euro (tableau 1). Le poids de la protection sociale (y compris la santé), à laquelle la France consacre 5,4 points de PIB de plus que la moyenne de la zone euro, explique en grande partie cet écart. Les dépenses publiques consacrées à l'enseignement sont également supérieures de 0,6 point de PIB à la moyenne de la zone euro, en raison notamment d'une proportion de jeunes dans la population plus élevée que dans les autres pays et d'une dépense privée faible. En effet, la dépense totale par élève/étudiant en France se situe dans la moyenne de l'OCDE [2020] même si elle est inférieure à celle de nombreux pays européens avec un niveau de vie comparable (Allemagne, Pays-Bas, Belgique, Finlande, Suède). Le dynamisme de la démographie explique en partie que la dépense publique en logement (hors aides à la personne) et en équipements collectifs soit élevée en France. Enfin, l'effort français en défense et sécurité est supérieur à celui de ses voisins (0,6 point de PIB).

Ainsi, le niveau relativement élevé de la dépense publique en France s'explique principalement par la singularité de son modèle social, sa démographie dynamique et un budget important consacré à la défense. Enfin, la fonction « Affaires économiques », qui inclut les crédits d'impôts et autres niches fiscales et sociales qui bénéficient principalement aux entreprises, est supérieure de 0,9 point de PIB par rapport à la moyenne de la zone euro, constituant un trait caractéristique de la fiscalité française. Avec la transformation du CICE en baisse de cotisations sociales en 2019, ce poste de la dépense publique se rapproche de la moyenne européenne.

Le rôle de l'État en tant que producteur de biens et services dans le secteur marchand s'est considérablement réduit à la suite des vagues de privatisations des années 1986-1988 et puis à partir de 1993. Il se limite pour l'essentiel aux activités de réseau (électricité, chemins de fer), même si, dans ce domaine, l'État a entrepris des privatisations (Air France, France Télécom, sociétés d'autoroutes) ou des ouvertures de capital (EDF, GDF, Aéroports de Paris). Fin 2020, les actions et parts de fonds d'investissement détenues par les APU étaient de 637 milliards d'euros (28 % du PIB), dont 125 milliards pour les seules actions cotées (5 % du PIB). Avec quatre-vingt-trois entreprises relevant

Tableau 1. **Les dépenses publiques par fonction en 2020**

En % du PIB

	ALL	FRA	ITA	ESP	DNK	ZE
Services généraux	6,1	5,8	8,7	5,9	6,3	6,2
Défense	1,1	1,9	1,4	0,9	1,2	1,3
Ordre et sécurité publics	1,7	1,8	2,0	2,1	1,0	1,8
Affaires économiques	4,6	6,8	5,4	6,6	5,1	5,9
Protection de l'environnement	0,7	1,0	1,0	1,0	0,4	0,9
Logement et équipements collectifs	0,5	1,1	0,5	0,5	0,2	0,6
Santé	8,5	9,0	7,9	7,6	8,9	8,2
Loisirs, culture, cultes	1,1	1,5	0,8	1,3	1,7	1,2
Enseignement	4,7	5,5	4,3	4,6	6,4	4,9
Protection sociale (hors santé)	21,8	27,3	25,2	22,1	22,4	22,7
Total	**50,8**	**61,6**	**57,1**	**52,4**	**53,4**	**53,7**

Source : Eurostat.

de son périmètre, l'Agence des participations de l'État (APE) est présente dans quatre secteurs d'activité (transports, énergie, services et finance, industrie), même si la moitié de la valeur de son portefeuille est répartie sur deux entreprises du secteur de l'énergie (EDF et Engie). En 2019, le gouvernement voulait accélérer le désengagement de l'État en tant que producteur direct de biens et services avec la privatisation de la Française des jeux et d'Aéroports de Paris. Si la première opération a été réalisée, la deuxième a été suspendue en raison de la crise affectant la mobilité internationale à la suite du déclenchement de la pandémie de la Covid-19.

Le rôle croissant de la protection sociale et des collectivités locales

La hausse du poids dans le PIB des dépenses publiques observée entre 1980 et 2019 (8,9 points de PIB) est due pour 59 % à l'augmentation de celle des administrations de sécurité sociale, pour 40 % de celle des administrations publiques locales (APUL) et seulement pour 1 % de celle de l'État. Les dépenses de l'État représentent, en 2019, 34 % de la dépense publique totale contre 46 % pour celle des administrations de sécurité sociale et 20 % pour celle des APUL.

Avec la crise de la Covid-19, ces dynamiques ont été quelque peu modifiées en 2020-2021. Sur les 3,6 points de PIB de hausse de la dépense publique, la moitié correspond aux dépenses des administrations centrales et l'autre moitié est liée aux administrations de sécurité sociale.

La forte croissance des dépenses des APUL au cours des dernières décennies est en partie due à la décentralisation entamée au cours des années 1980. En 2021, près de 53 % de l'investissement public était réalisé par les APUL, et ce malgré la réduction de leurs dotations qui se sont concentrées dans les dépenses de fonctionnement. Celles-ci ont la charge d'une partie du réseau routier, des bâtiments scolaires, des infrastructures locales, des logements sociaux et des services publics locaux (collecte des déchets, éclairage, eau). Si l'État investit moins, il pilote une partie de l'investissement local *via* les subventions qu'il verse : près de 20 % des revenus des collectivités locales proviennent des dotations de l'État et des transferts de recettes fiscales.

Si l'on regarde la dépense publique au niveau agrégé, l'essentiel de la hausse entre 1980 et 2021 est liée à l'augmentation des prestations sociales et autres transferts (13 points de PIB). De leur côté, les charges d'intérêts payées sur la dette publique sont quasiment stables (+ 0,2 point) malgré la hausse de près de 92 points de PIB de l'endettement public au sens de Maastricht, en raison de la très forte baisse des taux d'intérêt publics à toutes les maturités. Celle-ci représente 1,4 point de PIB en 2021, le plus faible niveau depuis 1980, année où la dette publique était à 21 % du PIB. En juin 2022, le taux d'intérêt sur les obligations assimilables du Trésor (OAT) à dix ans était à un niveau faible (2,2 %). Avec la remontée de l'inflation et la perspective d'un resserrement durable de la politique monétaire, les taux souverains à cet horizon ne sont plus en territoire négatif. Ils demeurent faibles et à un niveau inférieur à celui de l'inflation et à celui de l'évolution tendancielle du PIB en valeur, ce qui permet d'atténuer les pressions sur les finances publiques.

La rémunération des fonctionnaires (y compris leurs retraites) représente 21 % de la dépense publique, et sa part dans le PIB est stable depuis 1980. Le poids de l'investissement public a diminué sur cette période de 0,5 point de PIB, se situant à 3,6 points de PIB en 2021.

La hausse des dépenses sociales s'explique par la montée en puissance des régimes de retraite introduits après la Seconde

Guerre mondiale, la forte demande de soins de santé et, dans une moindre mesure, la hausse du chômage.

Premier poste de dépenses de la protection sociale, les pensions de vieillesse et de survie, tous régimes confondus, s'élèvent à 332 milliards d'euros en 2020, soit 14,4 % du produit intérieur brut (PIB), dont 3,4 points de PIB de pensions versées aux agents publics. Selon la Drees [2022], la pension nette moyenne issue des régimes obligatoires représente en France 63 % du salaire net moyen, soit moins qu'aux Pays-Bas ou en Autriche mais plus qu'au Royaume-Uni, où une partie importante des pensions est versée par des régimes privés. Afin de contrecarrer la dynamique des dépenses publiques pour les retraites, de multiples réformes ont été mises en œuvre notamment pour relever l'âge de départ à la retraite, la durée de cotisation et pour diminuer le taux de remplacement en lien avec la modification du mode de calcul des pensions et de la règle de revalorisation des retraites. Selon le rapport du Conseil d'orientation des retraites (COR) de juin 2021, le solde de l'ensemble des régimes de retraite de base et complémentaires s'est fortement dégradé avec la crise de la Covid-19. En 2020, le déficit serait de 0,8 point de PIB, en lien avec la chute des recettes tirées des cotisations sociales. Le solde pourrait rester dégradé à moyen terme sous l'effet des tendances démographiques qui diminuent le ratio de dépendance. Selon le COR, le rapport entre le nombre de cotisants et le nombre de retraités passerait de 1,7 en 2019 à 1,3 en 2070. Au-delà de l'effet de la démographie, le solde du système de retraites reste sujet à des incertitudes très importantes, dépendantes des scénarios de tendance de productivité et de ceux portant sur le niveau d'engagement financier de l'État dans le financement des retraites. Selon le COR, le solde du système de retraites varierait en 2070 entre – 0,6 % du PIB (scénario avec croissance de la productivité à 1,0 % et convention avec moins d'engagement de l'État) et + 0,9 % (si la productivité augmente tendanciellement de + 1,8 % et si l'État maintient son effort financier).

En lien avec le vieillissement de la population et le progrès technique dans le secteur, les dépenses en santé augmentent de façon tendancielle. Cela a poussé les gouvernements successifs à mettre en œuvre des politiques de maîtrise de la dépense. S'il a été quasiment systématiquement dépassé depuis sa création en 1996, depuis 2010 l'objectif national de l'assurance maladie (Ondam) a été systématiquement respecté ou sous-exécuté.

Bien évidemment, avec la crise sanitaire, l'Ondam de 2020 n'a pas été tenu pour un montant de 14 milliards d'euros. Ce dépassement, de près de 7 % par rapport à l'objectif initial, tient compte des dépenses spécifiques liées à la gestion de l'épidémie (soins hospitaliers, tests) mais aussi aux revalorisations salariales décidées pour le personnel soignant, notamment dans le cadre du « Ségur de la santé ». Pour rappel, afin de limiter la progression de la dépense, la stratégie nationale de santé s'articule autour du renforcement de l'efficacité de la dépense hospitalière, de la diffusion de la chirurgie ambulatoire et des efforts sur les prix des médicaments. Les efforts importants du côté des dépenses ont permis la réduction du déficit de l'assurance maladie au cours des dernières années, celui-ci était de l'ordre de 1,5 milliard en 2019, avant la crise sanitaire.

La politique familiale soutient les familles nombreuses : les allocations familiales ne sont versées qu'à partir du deuxième enfant, le complément familial n'est versé qu'aux familles à bas revenu ayant au moins trois enfants, et la plupart des minima sociaux tiennent compte de la structure familiale. Le calcul de l'impôt sur le revenu (IR) joue également un rôle important par le biais du quotient familial. Ces mesures visent à compenser la baisse du niveau de vie associée au coût de chaque enfant supplémentaire (égalité horizontale).

La réduction des inégalités s'effectue par le biais de l'aide sociale, des aides au logement, des allocations familiales et *via* la fiscalité. Si l'on prend en compte les prestations sociales et les prélèvements obligatoires directs (cotisations et impôts directs), le système socio-fiscal divise par quatre les inégalités entre les ménages les plus pauvres et les plus riches. En moyenne, en 2020, selon l'Insee, les 10 % de ménages qui ont les revenus primaires (c'est-à-dire avant impôts et prestations) les plus élevés gagnaient vingt-trois fois plus que les 10 % des ménages les plus pauvres. Mais comme ces derniers paient moins d'impôts (53 % des prélèvements directs sont acquittés par les 10 % de ménages les plus aisés) et reçoivent plus de prestations sociales (41 % des prestations familiales et aides sociales sont reçues par les 10 % les plus pauvres), le revenu disponible des 10 % les plus aisés se réduit à six fois celui des 10 % des plus pauvres. Malgré un système fortement redistributif, 14,6 % des personnes résidant en France, soit 9,3 millions de personnes, étaient considérées comme pauvres en 2020, c'est-à-dire disposant d'un niveau de vie inférieur à 60 % du niveau médian (1 102 euros par mois). Il faut noter que, lorsqu'on intègre l'impact des services publics, la redistribution est deux fois plus ample [Accardo *et al.*, 2021]. La pauvreté monétaire est particulièrement élevée chez les chômeurs (39 %) et les familles monoparentales (33 %).

Au cours des trente dernières années, la nature du système français de protection sociale s'est modifiée. Initialement bismarckienne, fondée sur la relation professionnelle, la protection sociale a évolué vers un système plus universaliste, avec la création du revenu minimum d'insertion (RMI) en 1988, remplacé par le revenu de solidarité active (RSA) « socle » en 2009, la contribution sociale généralisée (CSG, en 1990) et la couverture maladie universelle (CMU, en 2000).

Prélèvements obligatoires : le poids des cotisations employeurs

Depuis 1980, le taux de prélèvements obligatoires (PO) a augmenté de 4,7 points de PIB en France, soit plus que la moyenne des pays de l'OCDE (+ 3,4 points de PIB). Au sein des pays avancés, des situations diverses émergent : une légère baisse au Royaume-Uni, aux Pays-Bas et aux États-Unis, une augmentation modérée dans la plupart des autres pays anglo-saxons (plus de 2 points de PIB au Canada et en Australie) ; au contraire, une très forte augmentation dans les pays du sud de l'Europe (plus de 13 points en Espagne, en Italie et au Portugal, + 18 en Grèce), dans les pays asiatiques de l'OCDE (+ 12 points en Corée du Sud et + 7 au Japon) et certains pays scandinaves (+ 5 points au Danemark et + 7 en Finlande).

En 2019, la fiscalité française est la plus élevée de l'OCDE avec le Danemark (tableau 2) et se situe à un niveau proche de celui de la Belgique et de la Finlande. Cependant, les comparaisons de taux de PO entre pays doivent être maniées avec prudence. Outre la difficulté d'obtenir une mesure standardisée entre les pays, ces taux sont indissociables des dépenses qu'ils financent. Dans les pays où le taux de PO est élevé, certaines prestations, notamment de protection sociale, se substituent aux dépenses privées des pays où le taux de PO est bas.

L'évolution générale des PO en France depuis quarante ans peut se décomposer en plusieurs étapes : de 1975 à 1987, le taux de PO a augmenté fortement, passant de 35,1 % à 42,1 % du PIB, avant de légèrement baisser de 1988 à 1992 (40,7 % en 1992).

Tableau 2. **Les taux de prélèvements obligatoires**

En % du PIB

	1995	2020	2020			2019
	FRA		ALL	DNK	USA	OCDE
Impôts sur le revenu, les bénéfices et les gains en capital	6,9	11,9	12,0	29,9	11,8	11,3
dont Impôts sur le revenu et les bénéfices des sociétés	*2,1*	*2,3*	*1,7*	*2,6*	*1,3*	*3,0*
Cotisations de sécurité sociale	18,1	14,9	15,2	0,1	6,3	8,9
Impôts sur les salaires et la main-d'œuvre	1,1	1,9	0,0	0,3	0,0	0,5
Impôts sur le patrimoine	3,0	4,0	1,3	2,0	3,0	1,8
Impôts sur les biens et services	11,9	12,3	9,8	14,3	4,3	10,8
Autres	1,6	0,5	0,0	0,0	0,0	0,2
Total	**42,5**	**45,4**	**38,3**	**46,5**	**25,5**	**33,4**

Source : OCDE.

Les sept années suivantes sont marquées par une hausse sensible de la pression fiscale (+ 3,4 points de PIB). Les hausses d'impôts décidées au milieu des années 1990 ont, pour l'essentiel, été guidées par la volonté de respecter les critères de déficit et de dette issus du traité de Maastricht. Après le niveau record atteint en 1999 (44,0 %), les PO ont été régulièrement réduits jusqu'en 2009 (41,2 %). Entre 2009 et 2014, ils se sont redressés de 3,5 points de PIB avec la mise en place de plans de rigueur visant à réduire rapidement le déficit public dans le contexte de la crise des dettes souveraines en zone euro. Depuis 2015, les mesures discrétionnaires mises en place allègent légèrement la fiscalité.

À la suite de la crise des *subprimes* puis de celle des dettes souveraines en zone euro, les PO ont été fortement augmentés afin de restaurer les comptes publics. Le cumul des nouvelles mesures en PO mises en œuvre entre 2011 et 2017 s'établit à près de 67 milliards d'euros. Les mesures qui portent sur les ménages auraient augmenté de 50 milliards d'euros (2,2 points de PIB) et celles sur les entreprises de 3,5 milliards (0,2 point de PIB). Enfin, 13 milliards correspondent à des taxes payées à la fois par les ménages et les entreprises, notamment liées à leur consommation énergétique [Sampognaro, 2016]. Ainsi, le taux de PO sur les ménages a atteint en 2018 un plus haut historique alors que celui sur les entreprises est revenu à cette date à un niveau inférieur à celui d'avant la crise de 2008, phénomène accentué en 2019 avec la transformation du CICE en baisse permanente des cotisations sociales employeurs.

Depuis 2018, la politique fiscale a changé d'orientation et vise désormais à réduire la fiscalité reposant sur les ménages. Les choix fiscaux du budget 2018 ont été marqués par la réduction de la fiscalité du capital (réforme de l'ISF et mise en place du prélèvement forfaitaire unique). *A contrario*, les autres prélèvements nets sur les ménages ont été accrus, les mesures fiscales visant à redonner du pouvoir d'achat aux ménages (baisse de la taxe d'habitation et des cotisations sociales, crédit d'impôt sur les services à la personne...) n'ont pas suffi à compenser l'effet négatif de la hausse de la fiscalité indirecte (tabac et écologie) et de la CSG. En 2019, le taux de PO a baissé de 0,9 point de PIB (à 43,8 %) sous l'effet notamment des mesures d'urgence économiques et sociales prises en décembre 2018 à la suite de la crise des Gilets jaunes (défiscalisation des heures supplémentaires, baisse de la CSG pour les retraités modestes, gel de la taxe carbone...) et de la montée en charge d'autres mesures, comme la suppression progressive de la taxe d'habitation. Et, en 2020, les ménages ont bénéficié de la suppression de la première tranche d'impôt sur le revenu. Malgré ces baisses discrétionnaires de fiscalité sur les ménages, qui représentent 25 milliards d'euros annuels entre 2017 et 2022, le taux de PO apparent sur les ménages en 2021 reste encore de 2,6 points de PIB au-dessus de sa moyenne 1995-2010.

Par rapport à la moyenne des pays de l'OCDE, la structure de la fiscalité en France se caractérise par une part des impôts faible (notamment pour l'impôt sur le revenu et l'impôt sur les sociétés) et une part des cotisations élevée, en particulier celles payées par les employeurs. Dans les années 1970 et la première moitié des années 1980, les taux de cotisations sociales ont considérablement augmenté. La création de la CSG en novembre 1990, en élargissant l'assiette des prélèvements aux revenus du capital et à certains revenus sociaux, a permis de diminuer les cotisations salariées. Ainsi, la part des cotisations dans l'ensemble des ressources des administrations de sécurité sociale s'est réduite, passant de 86 % en 1990 à 56 % en 2020.

À partir de 1993, les cotisations employeurs sur les bas salaires ont été réduites afin de stimuler l'emploi des salariés peu diplômés. Ces allègements généraux représentent environ 20 milliards d'euros, auxquels s'ajoutaient encore 6 milliards d'exonérations liées à des mesures ciblées (publics, secteurs ou zones géographiques particuliers). La politique de baisse du coût du travail s'est accélérée avec l'instauration du CICE et du Pacte de responsabilité. Ces dispositifs représentent une baisse du coût du travail de 51 milliards d'euros (2,0 points de PIB) en 2021.

Par ailleurs, d'autres mesures ont cherché à augmenter les incitations financières à travailler. La baisse de l'IR sur les tranches les plus basses, les réformes de la décote pour le calcul des retraites, ainsi que la création de la prime pour l'emploi (PPE) vont aussi dans ce sens. En 2016, la PPE a été transformée en prime d'activité. La forte revalorisation de cette dernière, décidée pour 2019, s'inscrit dans la continuité de cette politique. Ainsi, 5,1 millions de foyers seraient éligibles à la prime d'activité contre 3,9 millions auparavant.

Les recettes des impôts sur le revenu, les bénéfices et les gains en capital, qui comprennent l'IR et la CSG, sont plus faibles en France que dans la plupart des autres pays (11,6 % du PIB contre plus de 12 % en Allemagne et 30 % au Danemark). L'introduction de la CSG en 1991, qui rapporte désormais 62 % de plus que l'IR, a réduit l'écart. La CSG, prélevée à la source, a une assiette large et est proportionnelle au revenu, bien qu'avec des taux différents selon l'origine des revenus, alors que l'IR est progressif, familiarisé et a une assiette étroite. En 2018, le taux de CSG a été relevé de 1,7 point sur l'ensemble des revenus (à l'exception des petites retraites et de ceux issus de l'assurance chômage) pour financer une baisse des cotisations salariés (santé et chômage) pour 3,15 points de salaire brut. Cela tend à faire converger la structure de la fiscalité française vers celle des pays similaires. En revanche, le poids de l'IR a été amenuisé par des réformes successives. Depuis le début des années 1990, les taux d'imposition du barème de l'IR ont été réduits à de nombreuses reprises. Le taux marginal supérieur est passé de 56,8 % en 1990 à 45 % en 2021. En parallèle, les seuils d'entrée à l'IR ont été relevés et la première tranche a été supprimée en 2020, faisant que de moins en moins de foyers fiscaux sont imposables à l'impôt sur le revenu (44 % en 2020). Avec la montée de la CSG et la décrue du poids de l'IR, le système d'imposition français est devenu moins progressif.

Durant les décennies 1990 et 2000, les impôts sur les entreprises ont augmenté, mais cette hausse a été compensée par la baisse des cotisations employeurs. Depuis 2013, avec la mise en place de l'offre visant à accroître la compétitivité des entreprises, de nombreuses mesures ont été prises pour réduire la fiscalité des entreprises (CICE et Pacte de responsabilité visant à alléger le coût du travail, baisse de l'IS et des impôts sur la production). En 2021, le taux de PO des entreprises était ainsi à un plus bas depuis 1995, 1 point de PIB en dessous de sa moyenne de 1995-2010 et 1,6 point en dessous de son niveau de 2013.

Les impôts sur la production avaient augmenté continûment jusqu'à la fin des années 1990. À partir de 1999, ils ont baissé avec la suppression de la part des salaires de l'assiette de la taxe professionnelle (TP), taxe qui a été définitivement supprimée en 2010. Elle a été remplacée par la contribution économique territoriale (CET), qui comporte une part foncière et une part assise sur la valeur ajoutée. Par ailleurs, la C3S, qui est une taxe sur le chiffre d'affaires et qui rapportait à l'État près de 6 milliards d'euros en 2014, a été progressivement allégée dans le cadre du volet fiscal du Pacte de responsabilité. Les taux d'imposition des bénéfices des sociétés (IS) ont beaucoup varié. Le taux normal d'IS, qui était de 50 % entre 1965 et 1985, a été progressivement réduit pour atteindre 33,3 % en 1993. Depuis 2017, ce taux d'IS a été progressivement réduit pour atteindre 25 %.

Les impôts indirects sont constitués de la taxe sur la valeur ajoutée (TVA) et des accises (droits de consommation sur les tabacs, les alcools, taxe intérieure de consommation sur les produits énergétiques — TICPE, ex-TIPP). La TVA est l'impôt qui rapporte le plus de recettes aux APU (185 milliards d'euros en 2021). Les taux appliqués ont varié à plusieurs reprises. En 1992, le taux dit normal était de 18,6 % et il s'établit actuellement à 20 %. Il existe aussi des taux réduits de 5,5 % sur certains biens et services (produits alimentaires, transports, cantines scolaires, livres, abonnements d'électricité et de gaz, certains travaux de rénovation des logements) et à 2,1 %, notamment sur les médicaments remboursés et la presse. Un taux de TVA intermédiaire à 10 % a été mis en place en 2011, notamment pour l'entretien et la réparation des habitations, les services à la personne et de transport, la restauration.

Heurs et malheurs des finances publiques

La pandémie de Covid-19 a déclenché une crise économique et sociale d'une ampleur inédite. Face à la crise, les pouvoirs publics n'ont pas lésiné dans la réponse. Les mesures d'urgence et de relance représenteraient un coût pour les finances publiques d'environ 210 milliards d'euros sur la période 2020-2022, dont 27 milliards sont financés dans le cadre du plan de relance européen. Cette stratégie a permis de préserver relativement bien les revenus des ménages, sauf pour certains catégories particulières (jeunes adultes, intérimaires, salariés en contrat court), et de limiter les pertes pour les entreprises, d'autant plus qu'elles ont eu accès à des prêts garantis par l'État pour 140 milliards afin de faire face à leurs problèmes de liquidité. Ainsi, en 2021, le déficit était encore de 6,4 % du PIB, portant la dette publique à 112,5 % du PIB, en hausse de 15,1 points sur deux ans. Ce niveau d'endettement, jamais observé en France sauf en sortie de guerre, peut susciter des craintes : toutes choses égales par ailleurs, une dette plus élevée augmente la charge d'intérêts, aggravant le déficit. Les craintes sur un tel emballement sont cependant à nuancer. Même si, avec la recrudescence des tensions inflationnistes, une remontée rapide des taux n'est pas exclue dans les pays avancés, les taux d'intérêt réels restent encore en territoire négatif. L'écart entre la croissance nominale et les taux d'intérêt de long terme est encore positif en France, facilitant mécaniquement le désendettement et rendant d'autant plus soutenable la dette publique.

Repères bibliographiques

Accardo A. *et al.* [2021], « Réduction des inégalités : la redistribution est deux fois plus ample en intégrant les services publics », *Insee Références 2021*, Insee, Paris.

Bozio A. *et al.* [2012], « Fiscalité et redistribution en France, 1997-2012 », *Rapport de l'Institut des politiques publiques*, École d'économie de Paris, mars.

Conseil d'orientation des retraites (COR) [2020], « Évolutions et perspectives des retraites en France », *Rapport annuel*, novembre.

Drees [2022], *Les Retraités et les retraites*, Panorama de la Drees, Paris.

Landais C., Piketty T. et Saez E. [2011], *Pour une révolution fiscale*, Seuil, « La République des idées », Paris.

Madec P. *et al.* [2018], « Entre 2008 et 2016, les réformes sociales et fiscales ont pesé sur le revenu des ménages mais ont renforcé le rôle d'amortisseur social du système redistributif », *Portrait social 2018*, Insee, Paris.

Madec P., Plane M. et Sampognaro R. [2020], « Budget 2020 : du pouvoir d'achat au travail », *Policy Brief de l'OFCE*, n° 64, 5 février.

OCDE [2020], *Regards sur l'éducation 2020 : les indicateurs de l'OCDE*, Éditions de l'OCDE, Paris.

Ragot X. [2021], « Plus ou moins de dette publique en France ? », *Policy Brief de l'OFCE*, n° 84, 27 janvier.

Sampognaro R. [2016], « 2010-2017 : un choc fiscal concentré sur les ménages », *Blog de l'OFCE*, 14 novembre.

4 / Emploi et chômage

Magali Dauvin et Pierre Madec

En s'établissant à 7,4 % de la population active fin 2021, le taux de chômage a retrouvé, près de quinze ans après, son niveau observé avant la « Grande Récession » de 2008. Le taux de chômage des jeunes a baissé jusqu'à son plus bas niveau depuis 2000. Commencée au milieu de l'année 2015, la baisse du taux de chômage s'est poursuivie pendant le premier quinquennat d'Emmanuel Macron, et la baisse atteint 3,1 points, dont 0,8 depuis le début de la crise sanitaire. Le nombre de chômeurs au sens du Bureau international du travail (BIT) s'élève fin 2021 à 2,2 millions, soit 211 000 de moins par rapport au niveau d'avant la crise de la Covid-19. La crise sanitaire débutée en 2020 et la sortie de crise, entamée en 2021 et interrompue par l'invasion russe de l'Ukraine, ont soulevé de nombreuses questions. Comment expliquer la désindustrialisation des emplois en France ? *Quid* de la précarisation du marché du travail et de l'emploi des jeunes ? Est-on (encore) en situation de rétention de main-d'œuvre ?

Emploi, croissance et productivité

Le cycle de productivité

À court terme, l'emploi est essentiellement déterminé par les variations de l'activité économique, mais l'ajustement est progressif. L'impact de la croissance sur l'emploi est amorti par le comportement des entreprises, conduisant à un cycle de productivité : si les entreprises adaptent très rapidement le volume d'emplois temporaires (CDD courts, intérim) à la conjoncture, elles n'ajustent pas immédiatement leurs effectifs stables aux besoins de la production. Elles préfèrent recourir à la flexibili-

Graphique 1. **Cycles d'activité et de productivité dans le secteur marchand**

En % de la valeur ajoutée

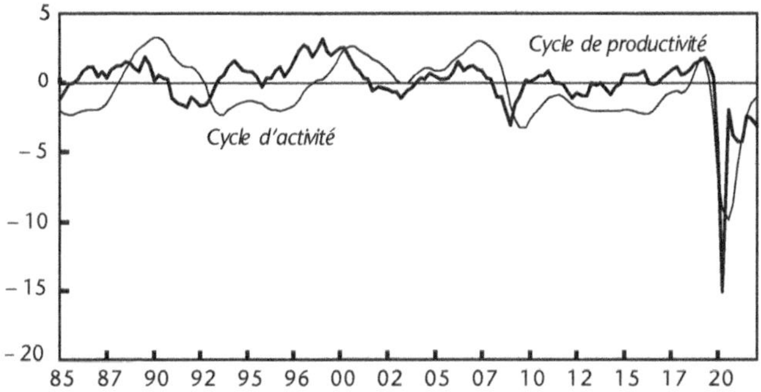

Légende : le cycle d'activité (ou de productivité) est représenté par l'*output gap* calculé par l'OCDE, et le cycle de productivité est l'écart de la productivité à sa tendance de long terme.

Sources : OCDE ; Insee ; calculs des auteurs.

té interne, en ajustant les rémunérations salariales variables et le temps de travail *via* les heures supplémentaires, les congés imposés ou le chômage partiel.

Les entreprises ne vont ajuster leurs effectifs que si le rebond ou le creux conjoncturel se montre durable. C'est pourquoi la productivité du travail s'accélère lors des phases de reprise et ralentit lors des ralentissements conjoncturels (graphique 1). La modification du rythme de croissance a donc des effets retardés sur l'emploi, et la croissance de la productivité du travail fluctue à court terme. Suivant le mécanisme du cycle de productivité, l'économie française a connu une chute du rythme de productivité dès le début de la crise économique et financière de 2008. L'extension du dispositif d'activité partielle, bien moindre que celui mis en place début 2020, et le dispositif de défiscalisation des heures supplémentaires ont permis, malgré des destructions très rapides d'emplois courts, de préserver dans un premier temps les CDI.

Pour autant, l'ampleur de la rétention de main-d'œuvre au cours de cette période a été importante et durable. Avec une croissance tendancielle de la productivité horaire marchande

Graphique 2. **Chômage au sens du BIT depuis 1975**

En millions de personnes, CVS*, France (hors Mayotte)

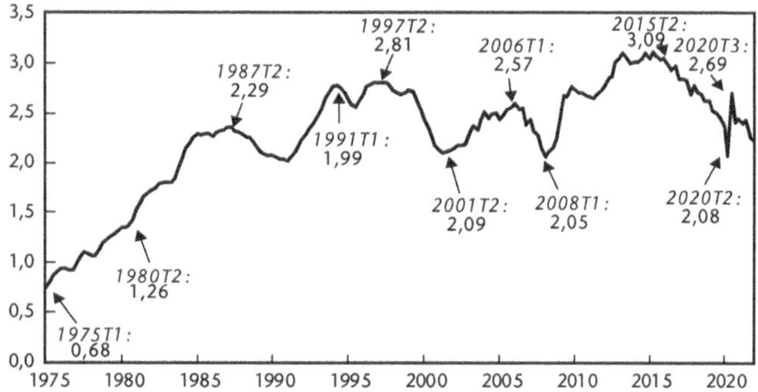

* Corrigé des moyennes saisonnières.

Source : Insee.

estimée à 0,9 %, le regain de croissance de 2010-2011 a juste permis de refermer le cycle de productivité, mais la rechute de la croissance française a conduit à un nouveau creusement de ce dernier entre 2011 et 2013 (graphique 1). Sans un tel ralentissement de la productivité, 190 000 emplois supplémentaires se seraient ajoutés aux 191 000 emplois effectivement détruits entre mi-2007 et le premier trimestre 2013.

L'ampleur et la persistance de l'écart entre les comportements habituels d'emploi et ceux que l'on observe depuis 2008 ont soulevé un doute important concernant la croissance de la productivité de sortie de crise et posé la question d'un nouveau ralentissement structurel du rythme de productivité consécutif au bouleversement occasionné par cette crise.

Les dernières ruptures de tendance de productivité remontent aux années 1990 et 2000, avec des politiques d'allègement de cotisations et de réduction du temps de travail qui ont enrichi la croissance en emplois. La productivité du travail par tête a fortement ralenti au cours des années 1990 (2 % dans les années 1980, contre 1,4 % dans les années 1990 puis 0,8 % en 2010 [Ducoudré et Heyer, 2017]).

En 2018, le retour progressif de la croissance française a permis de refermer le cycle de productivité sans nouveau ralentissement de la productivité tendancielle, et les créations d'emplois salariés sont redevenues positives dans le secteur marchand. En 2019, le ralentissement de l'activité a creusé le cycle de productivité dans l'industrie et la construction. Si l'on ajoute à cela la chute d'activité inédite enregistrée en 2020 et les mécanismes de chômage partiel déployés pour y faire face, la rétention de main-d'œuvre a atteint des niveaux inconnus jusqu'alors. En avril 2020, ce sont ainsi 8,4 millions de salariés qui étaient placés en activité partielle. À titre de comparaison, ils n'étaient que 280 000 au deuxième trimestre 2009, au plus fort de la crise. En décembre 2021, ils étaient encore près de 400 000 à être en activité partielle (88 833 équivalents temps plein).

Une nouvelle phase de désindustrialisation ?

Les destructions d'emplois depuis 2008 ont principalement touché l'industrie, et alimentent à nouveau le débat autour de la réalité de la désindustrialisation de la France. Qu'en est-il réellement ?

Ces destructions d'emplois industriels s'inscrivent dans un mouvement de transfert massif des emplois du secteur industriel vers celui des services au cours des quarante dernières années (tableau 1). Mais la désindustrialisation se caractérise par une diminution simultanée de l'emploi industriel et de la contribution de l'industrie à la richesse produite sur le territoire. Or, avant la crise de 2008, la part de l'industrie dans la valeur ajoutée en volume est restée stable, autour de 15 % entre 1987 et 2007. Si l'on peut expliquer une partie de la baisse de l'emploi industriel sur la période par l'effet retardé de la précédente phase de désindustrialisation, d'autres explications viennent s'ajouter : effet de revenu défavorable aux biens industriels, concurrence étrangère renforcée par l'ouverture aux échanges internationaux, réorganisation générale du système productif avec un recours croissant à l'externalisation d'une partie des activités industrielles vers les secteurs des services [Demmou, 2011].

Selon Daudin et Levasseur [2005], après correction du recours à l'intérim et à l'externalisation, la baisse serait de 1,1 million d'emplois industriels de 1980 à 2002, soit environ 72 % des pertes d'emplois industriels globalement observées au cours de cette période.

Le développement de la sous-traitance de services généraux par de nombreuses entreprises a engendré un changement de

Tableau 1. **Emploi par branche entre 1980 et 2021**

En millions d'emplois, moyennes annuelles

	1980	2021	Évolution
Agriculture	1,9	0,7	- 1,2
Industrie	**5,1**	**2,9**	**- 2,1**
Construction	1,9	1,9	0,0
Services marchands	8,5	14,7	6,3
Dont Services aux entreprises	*1,6*	*4,6*	*3,0*
Services administrés	5,3	8,5	3,2
Ensemble	22,6	28,8	6,2

Source : Insee.

structure de l'emploi salarié par taille d'entreprise. La part de l'emploi salarié dans les grandes entreprises (plus de 500 salariés) a diminué de 18,0 % en 1978 à 10,8 % en 2010. En contrepartie, l'emploi des petites entreprises (moins de vingt salariés) a progressé de 30,3 % à 36,2 % pendant la même période.

Un marché du travail dual

Un marché du travail de plus en plus flexible

La France a connu une forte précarisation de l'emploi au cours des années 1990. Cette précarisation s'inscrit dans un marché du travail de plus en plus polarisé, avec d'un côté des salariés stables, et de l'autre des salariés pris dans le cercle vicieux de la précarité, alternant contrats courts et périodes de chômage [Valette-Wursthen, 2013].

Si les contraintes institutionnelles qui empêchent le renouvellement des CDD au-delà d'une durée globale de dix-huit mois (sauf quelques cas particuliers) ont limité cette dérive, la part de l'emploi temporaire dans l'emploi total (CDD, intérim et contrats aidés) est tout de même passée de 10,4 % de l'emploi salarié en 1990 à 15,3 % en 2020 (tableau 2).

Cette montée en puissance de l'emploi temporaire se retrouve dans les autres pays de l'Union européenne : sa part dans l'emploi salarié a atteint en moyenne 13,5 % en 2020. Le CDD y fonctionne pour certains comme un sas vers l'emploi stable

Tableau 2. **Emploi à temps partiel et emploi temporaire**

En %

	Emploi à temps partiel (en % de l'emploi total)		**Emploi temporaire[1]** (en % de l'emploi salarié)	
	1990	**2021**	**1990**	**2021**
France	11,8	17,3	10,4	14,6
Allemagne	14,9	27,9	10,3	12,3
Italie	4,7	18,2	5,2	19,9
Espagne	4,8	13,9	29,9	24,2
Royaume-Uni	20,8	24,4*	5,0	5,1*
Union européenne[2]	13,4	17,7	10,2	14,9

* Données 2019.
1. L'emploi temporaire comprend notamment les CDD, l'intérim et les contrats aidés.
2. L'Union européenne comprend 12 pays en 1990 et 27 pays en 2021.

Source : Eurostat.

[Givord et Wilner, 2009]. L'emploi à temps partiel a également connu une nette progression en France et en Europe au cours de la même période, pour atteindre respectivement 17,3 % et 17,7 % en 2021, et ce malgré le fort ajustement des emplois à durée déterminés au cours de l'année 2020.

Le plus fort recours aux contrats temporaires, conjugué à l'annualisation du temps de travail à la suite des accords sur les 35 heures (qui ont concerné 65 % des salariés dans les entreprises de plus de dix salariés), a rendu le marché du travail plus flexible : les entreprises peuvent s'ajuster plus rapidement à la conjoncture. À l'image de l'ajustement de l'emploi au début de la crise de 2008 (l'emploi temporaire a baissé de 0,6 point en 2009), entre le quatrième trimestre 2019 et le deuxième trimestre 2020, l'emploi temporaire a vu sa part dans l'emploi total se réduire de près de 2 points. Cette précarisation du marché du travail se traduit en outre par le raccourcissement de la durée de ces contrats temporaires : la part des CDD de moins d'un mois dans le total des intentions d'embauche recensées par l'ACOSS est en effet passée de 48,2 % à 70 % entre 2000 et 2014, pour baisser ensuite à 66,8 % début 2020. D'après Coquet et Heyer [2018], ces évolutions tendancielles s'expliquent en partie par les modifications de la réglementation et les mesures de baisse du coût du travail, qui favorisent le recours à ce type de contrat.

L'estimation de délais moyens d'ajustement de l'emploi (DMA) à l'activité montre que l'emploi s'ajuste en quatre trimestres en moyenne en France à une variation de l'activité. La vitesse d'ajustement dans l'Hexagone est donc comparable à celle du Royaume-Uni, tandis que l'Allemagne et l'Italie ont un marché du travail moins réactif.

Évolution de la législation vers plus de flexibilité

Depuis le milieu des années 1980, des réformes successives du marché du travail ont rendu celui-ci plus flexible. Parmi les plus récentes, citons l'accord national interprofessionnel (ANI), signé par les partenaires sociaux le 11 janvier 2013, et la loi Travail (ou loi El Khomri), publiée en août 2016.

Les ordonnances Macron — publiées le 23 septembre 2017 et ratifiées le 31 mars 2018 — intègrent des modifications substantielles en matière de droit du travail, de représentativité des salariés et de négociation collective : un accord de branche étendu peut désormais modifier les règles relatives à la durée maximale, au renouvellement et à la période de carence à respecter lorsque l'employeur a recours au CDD.

Concernant le licenciement, la durée minimale d'ancienneté pour bénéficier de l'indemnité légale de licenciement est abaissée. Afin de sécuriser les effets de la rupture du contrat de travail, des barèmes référentiels obligatoires d'indemnisation des licenciements sans cause réelle et sérieuse sont mis en place. Ces mesures visent notamment à limiter pour les entreprises les coûts juridiques de licenciement, en cas de contentieux aux prud'hommes. Selon les comparaisons internationales menées par l'OCDE [2004], de moindres coûts de licenciement n'auraient pas d'impact significatif sur le niveau global du chômage, mais permettraient de réduire le chômage des jeunes et le chômage de longue durée.

En matière de négociation collective, l'accord d'entreprise prime désormais sur l'accord de branche dans de nombreux domaines (ex : montant d'une prime de vacances d'origine conventionnelle). Mais la négociation reste encore de la compétence exclusive de la branche pour certains sujets : salaires minima hiérarchiques ; égalité professionnelle entre les femmes et les hommes ; conditions de recours au CDI de chantier ou d'opération ; durée minimale du temps partiel, taux de majoration des heures complémentaires et supplémentaires ; conditions et durée de renouvellement de la période d'essai...

Enfin, la réforme de l'assurance chômage, dont la mise en œuvre a débuté fin 2019, constitue également une étape importante dans la flexibilisation du marché du travail (voir partie II).

Portrait des chômeurs français

Évolution du chômage depuis trente ans

Le chômage s'est massivement développé au cours des années 1970 et s'est maintenu au-delà de 1,5 million depuis 1984 (graphique 2), bien que des baisses temporaires aient pu être observées sur les périodes 1987-1990, 1998-2001, 2006-2007, 2015-2019, ou encore en 2021, qui ont coïncidé avec des périodes de reprise de l'activité.

Ces chiffres donnent cependant une vision très partielle du travail contraint, qui comprend également les travailleurs à temps partiel subi, les chômeurs découragés, etc. Le « halo » du chômage et le « sous-emploi » concerneraient 3,3 millions de personnes au quatrième trimestre 2021.

Le chômage français est aussi féminin qu'ailleurs en Europe (tableau 3). Ensuite, la proportion de chômeurs de longue durée est similaire en France et en Europe, du fait de la forte hausse du chômage de longue durée dans certains pays en difficulté.

Le chômage des non-qualifiés

Les non-qualifiés, définis ici comme les personnes ayant le moins de diplômes, sont particulièrement touchés par le chômage. En 2021, ils connaissaient un taux de chômage de 14,6 % (tableau 3). Pour soutenir l'emploi des non-qualifiés, les gouvernements successifs mènent depuis 1993 une politique d'exonération de cotisations sociales sur les bas salaires, qui ont représenté 58 milliards d'euros en 2019. Cette politique repose sur l'idée selon laquelle le coût du travail, déterminé par le niveau du SMIC et des cotisations sociales, pèserait sur la demande de travail des non-qualifiés. Le SMIC ayant pour vocation de protéger les salaires des non-qualifiés, le coût du travail a été abaissé par des franchises de cotisations en bas de l'échelle des salaires.

Selon la Dares, cette politique de baisse de cotisations aurait créé environ 170 000 emplois entre 1994 et 1999. Entre 1998 à 2002, des allègements supplémentaires ont accompagné les

Tableau 3. **Principales caractéristiques du chômage en 2021**

En %, moyenne annuelle

	FRA	ALL	ITA	ESP	GB*	UE 27
Taux de chômage pour	**8,1**	**3,6**	**9,7**	**14,9**	**3,8**	**7,1**
– les femmes	7,9	3,2	10,8	16,8	3,6	7,5
– les jeunes	18,9	6,9	29,7	34,8	11,2	16,6
– les peu diplômés	14,6	7,9	13,7	21,6	6,8	14,1
Chômage (en millions),	**2,3**	**1,5**	**2,3**	**3,4**	**1,2**	**14,8**
dont parts (en %) **du chômage**						
– féminin	48,2	41,4	47,9	53,4	44,8	48,6
– de longue durée	29,4	32,5	58,0	41,6	24,8	39,5
– des jeunes	24,5	19,7	18,2	15,6	37,2	20,3

Légende : les taux de chômage sont les taux harmonisés pour les personnes de 15 à 64 ans et non ceux du BIT couramment utilisés, ce qui explique la différence entre les chiffres d'Eurostat et ceux de l'Insee. Le chômage de longue durée concerne les demandeurs d'emploi depuis plus d'un an. Les jeunes ont entre 15 et 24 ans. Les peu diplômés ont un niveau inférieur au deuxième cycle de l'enseignement secondaire, c'est-à-dire au plus le BEPC dans le cas français.

* Données 2019.

Source : Eurostat, enquête Forces de travail.

35 heures. De nombreuses évaluations mesurent l'impact de cette politique globale entre 400 000 et 800 000 emplois.

Heyer et Plane [2012] chiffrent, dans le meilleur des cas, à 500 000 le nombre d'emplois créés par le dispositif Fillon. Selon Ducoudré *et al.* [2016], le Pacte et le CICE permettraient, après prise en compte des effets du financement, de créer ou sauvegarder autour de 290 000 emplois à l'horizon 2018, avec une fourchette allant de 190 000 à près de 420 000 selon la position dans le cycle et l'élasticité de substitution capital/travail. Les résultats d'évaluations *ex post* sur données microéconomiques conduites par France Stratégie [2018] pour le Comité de suivi du CICE indiquent des effets sur l'emploi compris entre 0 et 255 000 emplois créés ou sauvegardés en moyenne sur la période 2013-2015. Enfin, la transformation du CICE en baisses de cotisations sociales employeurs au 1er janvier 2019 se traduirait par des effets positifs sur l'emploi : + 40 000 à 50 000 emplois à l'horizon 2023, selon Ducoudré et Heyer [2018].

Début 2020, les cotisations sociales des employeurs ne représentaient plus que 7,2 % du salaire brut au niveau du SMIC et 39,25 % à partir de 2,5 SMIC. D'après l'OCDE [2019], le coût du travail au niveau des bas salaires représentait 47 % du coût du travail au niveau du salaire médian en 2019 ; ce ratio a ainsi été ramené à celui observé en Allemagne ; et la part de l'emploi non qualifié dans l'emploi total, qui était en chute au cours des années 1980, s'est redressée depuis.

Le retour des seniors sur le marché du travail

En 2021, le taux d'activité des seniors (58 % pour les 55-64 ans) reste faible, en comparaison à la fois avec d'autres tranches d'âge (87,4 % pour les 25-49 ans) et avec la moyenne européenne (63,0 %). Ce retard s'explique par le faible taux d'activité des plus de 60 ans, tandis que la situation des 55-59 ans se situe dans la moyenne européenne. En raison principalement d'un âge légal de départ à la retraite relativement jeune (60 à 62 ans dans le privé), l'âge moyen de retrait du marché du travail est plus faible en France (60,8 ans pour les hommes et pour les femmes, en 2018, d'après l'OCDE) que pour la moyenne européenne (64 ans pour les hommes et 62,3 ans pour les femmes). Ce qui se combine avec la situation dégradée du marché du travail et avec le comportement des entreprises qui privilégient les salariés jeunes.

En conséquence, le chômage des seniors est très proche de la moyenne, mais il signifie un retrait plus probablement définitif du marché du travail : l'ancienneté moyenne du chômage est plus longue et les chances de retour à l'emploi plus faibles. Selon Eurostat, la probabilité de transition du chômage vers l'emploi des 55-74 ans étaient en 2021 de 13 % contre 22 % pour les 25-54 ans.

Pour autant, les taux d'activité et d'emploi des seniors ont été considérablement affaiblis par les dispositifs de préretraite qui ont permis de gérer les mutations industrielles dans les années 1980, relayés ensuite par les dispenses de recherche d'emploi (DRE).

En instaurant une surcote pour les années cotisées au-delà de 60 ans et de quarante-deux ans de cotisations, la réforme de 2003 du système de retraite a renforcé les incitations au report du départ en retraite. La réforme des retraites de 2010 a instauré le recul progressif de l'âge légal de départ à la retraite à 62 ans en 2017, et a commencé à jouer sur l'activité des seniors dès 2011. Parallèlement, l'accord interprofessionnel du 13 octobre 2005 a été suivi par l'élaboration d'un plan national d'action concertée pour l'emploi des seniors.

Le taux d'activité des 55-64 ans a donc connu une progression

Encadré 1. Les politiques de l'emploi

Les différentes mesures d'allègement de cotisations en France

La période 1993-1999 a vu en France la succession de plusieurs mesures d'allègement du coût du travail. En 1993, les cotisations familiales employeurs ont fait l'objet d'une exonération totale pour les salaires inférieurs à 1,1 SMIC et de moitié pour les salaires inférieurs à 1,2 SMIC. Cette disposition a ensuite été intégrée dans un dispositif de réduction dégressive de toutes les cotisations de sécurité sociale pour les bas niveaux de salaires. La « ristourne », introduite en octobre 1996, prévoit un allègement de charges dégressif. Cet allègement est maximal (18,2 %) au niveau du SMIC et nul pour les salaires dépassant 1,33 SMIC. Les seuils d'exonération étant définis en termes de salaires mensuels, la mesure constituait un encouragement à l'emploi à temps partiel pour une plage assez large de niveau de salaire horaire.

La politique sur la durée du travail

À partir de juin 1996, la loi Robien renforce de manière très significative les incitations à la réduction collective de la durée du travail en accordant un allègement de 40 % des charges sociales la première année, puis 30 % les six années suivantes, aux entreprises qui réduisent de 10 % la durée du travail soit en embauchant 10 % de salariés en plus, soit en évitant de licencier. La première loi Aubry, votée en juin 1998, annonce la baisse de la durée légale le 1er janvier 2000 et définit les incitations accordées aux entreprises qui, avant cette échéance, réduisent de 10 % leur durée de travail et embauchent 6 % de salariés en plus. Ces aides sont forfaitaires et dégressives dans le temps (1 374 euros la première année pour chaque salarié) et étaient prévues pour sept années. Cette loi incite à des négociations de réduction du temps de travail collectif sans baisse des salaires. Le 19 janvier 2000, la loi « Aubry II » est instaurée pour l'ensemble des entreprises passées aux « 35 heures » par accord négocié comprenant certaines clauses et un nouvel allègement pérenne sur les bas salaires se substituant à la réduction unique dégressive sur les bas salaires et comprenant une partie forfaitaire et une partie dégressive jusqu'à 1,7 SMIC.

Adopté par le Parlement le 18 décembre 2002, le projet de loi Fillon assouplit les lois Aubry sur les 35 heures en augmentant le contingent d'heures supplémentaires (de 130 à 180 heures par an) et n'incite plus les entreprises à réduire le temps de travail. Il met en place une réduction des cotisations patronales accessible à tous les employeurs, à l'exception de l'État et des collectivités locales, sans conditions de durée du temps de travail. Cette nouvelle réduction est calculée en fonction de la rémunération horaire. Elle remplace les allègements « Aubry II » ainsi que la réduction dégressive de cotisations sur les bas salaires. La réforme de décembre 2006 a enfin porté le taux d'exonération au niveau du SMIC à 28 % pour les entreprises de moins de vingt salariés.

À rebours des lois visant à abaisser le temps de travail, la loi TEPA, mise en place en octobre 2007, comprend un volet de défiscalisation des heures supplémentaires (HS). Le dispositif d'exonérations de charges sur les heures supplémentaires vise, en incitant à augmenter la durée du temps de travail, à accroître le pouvoir d'achat des salariés. Cette mesure introduit une réduction forfaitaire des charges patronales de 1,5 euro par HS effectuée et propose l'alignement des HS sur le taux minimal de 25 %. Pour les salariés à temps complet, cette mesure propose un aménagement de l'« allègement Fillon », de façon à neutraliser l'effet des HS sur le taux d'exonération. Pour ce faire, le nombre de HS, entrant dans le calcul du salaire horaire, est pris en compte en incluant le taux de majoration qui leur est appliqué. Ce dispositif est supprimé en septembre 2013, la hausse du temps de travail pesant sur l'emploi en période de basse conjoncture. La désocialisation (baisse des cotisations sociales salariales) et la défiscalisation des heures supplémentaires ont été réintroduites en 2019, comme mesures visant à favoriser le pouvoir d'achat.

La dégressivité des allègements engendrerait par ailleurs des effets pervers en termes de trappe à bas salaire, c'est-à-dire de désincitation à augmenter les salaires des personnes employées au SMIC ou légèrement au-dessus.

Le CICE et le Pacte de responsabilité

Le crédit d'impôt pour la compétitivité et l'emploi (CICE), voté en décembre 2012 dans le but de restaurer la compétitivité des entreprises, a été renforcé en avril 2014 par l'annonce de nouvelles exonérations de cotisations sociales dans le cadre du pacte de responsabilité. Ouvert à toutes les entreprises, le CICE est égal depuis 2014 à 6 % de la masse salariale (4 % en 2013), hors cotisations patronales, correspondant aux salaires de moins de 2,5 SMIC. Le dispositif correspond donc à un abaissement du coût du travail pour les bas salaires, dont la dégressivité n'est pas progressive, à la différence des abaissements de charges. Aux 20 Mds d'euros correspondant au CICE ont été ajoutés 10 Mds d'exonérations de cotisations sociales supplémentaires qui prennent effet progressivement à partir de 2015 (4,5 Mds sur les bas salaires et 1 Md pour les indépendants et artisans en 2015, 4,5 Mds sur les salaires compris entre 1,6 et 3,5 SMIC en 2016). Le 1er janvier 2019, le CICE a été remplacé par un allègement supplémentaire des cotisations sociales patronales de 6 % jusqu'à 2,5 SMIC. Un renforcement des allègements allant jusqu'à 4 points d'allègements supplémentaires au niveau du SMIC a pris effet au dernier trimestre 2019.

conséquente (+ 17 points entre 2007 et 2019, dont + 14,9 points d'emploi), qui tranche avec les politiques de réduction de la population active pratiquées jusqu'alors.

Les jeunes actifs, premières victimes du chômage

Parmi les jeunes actifs, le taux de chômage est très élevé : il atteignait 18,9 % pour les moins de 25 ans en 2021, contre 7,9 % toutes classes d'âge confondues (tableau 4), soit 11 points d'écart. Mais le haut niveau du taux de chômage des jeunes ne signifie pas que les jeunes chômeurs soient particulièrement nombreux en France. En effet, la plus longue durée des études françaises ne laisse que près d'un tiers des jeunes sur le marché du travail, si bien que la part des jeunes au chômage s'élève à 7,2 %, ce qui est plus proche de la moyenne européenne qui est de 6,3 %.

Cet écart de taux de chômage de 11 points s'explique presque

Tableau 4. **Chômage des jeunes en Europe en 2021**

En %

	Taux de chômage		Part du chômage	
	15-24 ans	15-64 ans	15-24 ans	15-64 ans
France	18,9	7,9	7,2	5,7
Allemagne	6,9	3,6	3,6	3,1
Italie	29,7	9,7	7,0	6,0
Espagne	34,8	14,9	11,4	11,3
Royaume-Uni*	11,2	3,8	6,3	3,0
UE 27	16,6	7,1	6,3	5,2

Légende : le taux de chômage rapporte le nombre de chômeurs d'une classe d'âge (de 15 à 24 ans ou de 15 à 64 ans) à la population active associée. La part du chômage rapporte le nombre de chômeurs aux effectifs globaux de la classe d'âge.

* Données 2019.

Source : Eurostat, enquête Forces de travail.

pour moitié par la recherche du premier emploi qui a lieu en moyenne à 21 ans. Selon l'enquête Génération 2013 du Cereq, pour les 23 000 jeunes interrogés sortis de formation initiale en 2013, la part de chômage était, au bout de trois ans de vie active, de 17 %, alors que la part de chômage des jeunes dans leur ensemble était de 9,0 %. Mais, selon Batard et Saillard [2011], ces difficultés d'insertion dans l'emploi relèvent de la forte exposition au chômage des entrants sur le marché du travail, et sont très proches de celles de leurs aînés chômeurs.

Le reste de l'écart s'explique par le processus d'insertion par lequel passent les jeunes. L'emploi d'un jeune s'interrompt plus souvent en cours d'année et ils peinent à décrocher un emploi en CDI : seul un quart de la génération 2010 y accède directement, et sa situation s'est fortement dégradée en comparaison avec celle de la génération 1998. De plus, l'accès au CDI ne marque pas la fin du parcours d'insertion : 35 % des jeunes de la génération 2004 qui y accèdent le quittent ensuite au cours de leurs trois premières années de vie active. Étant globalement moins insérés dans l'emploi, les jeunes sont les premiers touchés en cas de dégradation de la conjoncture.

2020-2021 : un marché du travail chahuté

En 2020, l'emploi salarié s'est contracté de 267 000 emplois salariés dans le secteur marchand non agricole, soit un chiffre comparable à celui observé suite à la crise de 2008 alors que les pertes d'activité par rapport à l'année précédente ont été trois fois plus importantes (– 7,9 % de PIB en moyenne annuelle contre – 2,8 % en 2009). Cette perte d'activité en 2020 a d'abord été compensée par une baisse de la durée du travail, plutôt que par un ajustement de l'emploi, contrairement à la crise précédente (voir *supra*). De plus, en 2020, l'ajustement de l'emploi salarié est marqué par les spécificités de la crise : 48 % des destructions ont eu lieu dans la branche « hébergement-restauration », 23 % dans la branche « autres activités de services » (10 % de l'emploi salarié à elles deux), et 29 % des destructions ont eu lieu dans l'industrie (13 % de l'emploi fin 2019). *A contrario*, l'emploi salarié a augmenté dans la construction (+ 27 000 emplois sur un an) et dans les services principalement non marchands (+ 72 000 emplois sur un an). L'ajustement de l'emploi intérimaire, dont l'intensité est plus élevée dans l'industrie et la construction, a été très rapide. Il a baissé de 27 % par rapport à fin 2019 lors du premier confinement mais a ensuite récupéré une grande partie de ses pertes : fin 2020, l'emploi intérimaire se situait 5,3 % en dessous de son niveau observé fin 2019, soit 41 900 emplois détruits dans l'intérim sur l'année, à peine supérieur à la perte de PIB au quatrième trimestre 2020 par rapport au quatrième trimestre 2019 (– 4,9 %).

Globalement, l'activité partielle a permis de protéger les salariés en CDI et en CDD longs en faisant principalement porter l'ajustement à la baisse d'activité sur les heures travaillées de ces salariés plutôt que sur le niveau d'emploi. Fin 2020, le nombre d'heures de travail salarié observé était toutefois de 6,2 % en dessous de son niveau fin 2019, contre une baisse attendue de 6,8 %. On peut dès lors estimer à 156 000 emplois le niveau de rétention de main-d'œuvre fin 2020, dont une grande partie dans les services de transport, la construction et les services aux ménages. À l'inverse, dans le commerce et l'hébergement-restauration, les données des comptes trimestriels indiquent une forte hausse de la productivité horaire apparente des salariés qui se résorberait avec la levée des mesures sanitaires.

En 2021, l'évolution conjoncturelle de l'emploi est encore marquée par celle du recours à l'activité partielle, élevé au premier semestre du fait des mesures sanitaires en vigueur depuis la fin d'année 2020, et du confinement localisé en mars 2021, suivi du confinement national en avril (voir parties thématiques). L'emploi total reste lui soutenu par les emplois aidés non marchands. La reprise économique s'est accompagnée d'une hausse du volume d'heures travaillées, soutenue par une hausse de la durée du travail par salarié. L'emploi dans l'industrie est resté en revanche pénalisé par une activité progressant à peine suffisamment pour absorber les gains de productivité : aux gains de productivité tendanciels s'ajouterait une fermeture du cycle de productivité avec la reprise de l'activité. L'emploi a été plus dynamique dans la construction, bénéficiant des mesures du plan de relance bénéfiques à l'activité dans cette branche. Dans les services marchands, la réouverture des secteurs fermés administrativement s'est traduite par un rebond de l'emploi salarié dans de nombreuses branches (hébergement-restauration, commerce, services aux ménages).

Repères bibliographiques

BATARD P.-É. et SAILLARD E. [2011], « Le chômage des jeunes, quel diagnostic ? », *Trésor-Éco*, n° 92.

COQUET B. et HEYER E. [2018], « Pour une régulation économique des contrats courts sans contraindre les entreprises, en préservant l'assurance chômage », *Rapport de l'OFCE pour le Sénat*, 19 décembre.

DAUDIN G. et LEVASSEUR S. [2005], « Délocalisations, concurrence des pays émergents et emploi en France », *Revue de l'OFCE*, n° 94.

DEMMOU L. [2011], « Le recul de l'emploi industriel en France entre 1980 et 2007. Ampleur et principaux déterminants : un état des lieux », *Économie et Statistique*, n° 438-440.

DUCOUDRÉ B. et HEYER É. [2017], « Quel nouveau sentier de croissance de la productivité du travail ? », *Revue de l'OFCE*, n° 152.

— [2018], « Transformation du CICE, des effets faibles attendus sur l'emploi, nuls sur l'activité économique », *Policy Brief de l'OFCE*, n° 40, 18 octobre.

DUCOUDRÉ B., HEYER É. et PLANE M. [2016], « CICE et Pacte de responsabilité. Une évaluation selon la position dans le cycle », *Revue de l'OFCE*, n° 146.

FRANCE STRATÉGIE [2018], *Rapport pour le Comité de suivi du crédit d'impôt pour la compétitivité et l'emploi*, octobre.

GIVORD P. et WILNER L. [2009], « Les contrats temporaires : trappe ou marchepied vers l'emploi stable ? », *Document de travail Insee*, n° 4.

HEYER É. et PLANE M. [2012], « Impact des allègements de cotisations patronales des bas salaires sur l'emploi », *Revue de l'OFCE*, n° 126.

OCDE [2004], *Perspectives de l'emploi*, Éditions de l'OCDE, Paris.

— [2019], « Améliorer les performances du marché du travail en France : mise en œuvre de la Stratégie pour l'emploi de l'OCDE », *OECD Economic Department Working Paper*, n° 1559.

VALETTE-WURSTHEN A. [2013], « La segmentation des marchés du travail dans les pays avancés : état des lieux, évolutions », *Problèmes économiques*, hors-série, n° 3, février.

5 / Le tissu productif en France

Hervé Péléraux et Mathieu Plane

Au fil du temps, la structure productive de la France s'est transformée, l'industrie lourde héritée des Trente Glorieuses laissant place aux industries de plus haute technologie et aux services. Les mutations se sont accélérées avec les deux chocs pétroliers des années 1970 et se sont accompagnées de vagues de privatisations majeures qui ont favorisé l'insertion des grandes entreprises dans le capitalisme mondial. Ces ajustements ont été douloureux, avec la disparition de pans entiers de l'industrie, des délocalisations d'établissements et l'amputation de bassins d'emploi. Mais la France a aussi tiré bénéfice de la mondialisation. L'attractivité de son territoire, au centre de l'Europe, repose sur des infrastructures de qualité ainsi qu'un haut niveau de productivité et de qualification de sa main-d'œuvre, ce qui lui permet de rester une destination prisée des investisseurs internationaux. Cependant, au cours des années 2000, d'abord sous la pression des politiques de désinflation compétitive menées initialement en Allemagne puis dans de nombreux pays européens, d'un euro fort et d'une concurrence accrue des pays émergents, la France a perdu des parts de marché et a vu son excédent commercial se transformer en déficit. Au tournant de 2010, les parts de marché de la France ont stoppé leur chute, mais ne marquent pas de nette amélioration malgré le tournant vers une politique d'offre depuis 2013 (CICE, Pacte de responsabilité...), la dépréciation de l'euro et la mise en place de réformes structurelles, notamment sur le marché du travail. En revanche, depuis 2015, le taux d'investissement des entreprises s'est nettement redressé sous l'effet de l'amélioration des perspectives d'activité, de la hausse de leur taux de marge et de conditions de financement favorables. Il a atteint un niveau supérieur au pic de début 2008, avant la Grande Récession, et a bien résisté en 2020 malgré la crise sanitaire. Cette augmentation est tirée par les investissements en services (logiciels, bases de données, R&D...). Début 2022, l'investissement en services a atteint un niveau historiquement élevé malgré une crise inédite, les entreprises ayant accéléré leur transformation numérique avec les mutations en cours sur l'organisation du travail et les nouveaux modes de consommation.

La mutation industrielle du système productif

La crise mondiale qui s'est ouverte au moment du premier choc pétrolier en 1973 a affecté la France, et particulièrement son industrie. Elle a connu une crise de grande ampleur qui a modifié en profondeur son système productif. Le tournant a été brutal : alors que la valeur ajoutée industrielle progressait à un rythme moyen de plus de 6 % entre 1950 et 1974, celle-ci a reculé de près de 3 % en 1975. Cette crise a été suivie d'un rattrapage en 1976 et 1977, mais l'élan était brisé.

La mutation industrielle s'est accélérée au cours des années 1980 après le deuxième choc pétrolier. La hausse du prix du pétrole, couplée à la montée du dollar et à l'indexation des salaires sur les prix, a fortement accru les coûts de production dans l'industrie et a profondément détérioré les marges des entreprises, alors que, dans le même temps, la concurrence des pays émergents s'est intensifiée. Des secteurs entiers de l'industrie française ont été touchés : un grand nombre d'usines ont disparu, notamment dans les secteurs de la sidérurgie et du textile, ou ont connu des restructurations profondes, comme dans l'automobile.

Entre 1980 et 2021, la part de l'industrie dans la valeur ajoutée marchande a diminué de 12 points, atteignant 17 % en 2021. Dans le même temps, l'industrie a détruit 2,1 millions d'emplois, réduisant ses effectifs de 43 %. La part de l'emploi industriel dans l'emploi marchand est passée de 35 % en 1980 à 16 % en 2021[1]. Outre les pertes entraînées par les délocalisations, une partie des emplois de l'industrie (liés aux activités juridiques ou financières,

1 Ce chiffre ne comprend pas les 290 800 intérimaires (sur les 783 800 recensés dans l'économie française) travaillant dans l'industrie en 2021 (soit 8,6 % de l'emploi industriel), ceux-ci étant comptabilisés dans les services marchands. Il n'inclut pas non plus les alternants (bénéficiaires d'un contrat d'apprentissage ou de professionnalisation). Ils seront inclus dans la prochaine publication des comptes annuels.

à l'informatique, à la publicité, à l'entretien, à la sécurité) ont été externalisés vers le secteur des services aux entreprises. Par ailleurs, en raison d'une intensité capitalistique plus élevée, les gains de productivité sont plus dynamiques dans l'industrie que dans les services, ce qui conduit à substituer l'emploi tertiaire à l'emploi manufacturier. Étant moins soumis à la concurrence internationale et à la hausse des prix du pétrole, les services ont pris le pas sur l'industrie, profitant de plus de l'accroissement tendanciel de la part de la consommation de services dans la consommation des ménages, phénomène commun à tous les pays qui ont des niveaux de vie élevés[2].

La part des services marchands dans la valeur ajoutée marchande est passée de 56 % en 1980 à 73 % en 2021. La branche qui profite le plus de cette expansion en termes d'emplois est celle des services aux entreprises. Les « activités scientifiques et techniques, services administratifs et de soutien » ont créé 2,4 millions d'emplois de 1980 à 2021, soit une hausse de plus de 200 %, sous l'effet du recentrage des entreprises industrielles sur leur cœur de métier. Le secteur des « activités informatiques et services d'information » a aussi connu une très forte progression en termes d'embauches sur la même période, avec une hausse de plus de 300 % du nombre d'emplois.

La récession qui s'est enclenchée en 2008 a particulièrement touché l'industrie, secteur très exposé aux fluctuations du commerce mondial. L'industrie a connu sa pire chute d'activité depuis la Seconde Guerre mondiale, perdant près de 10 % de sa valeur ajoutée au cours des années 2008-2009. Malgré un vif rebond en 2010 et en 2011, la valeur ajoutée industrielle n'a retrouvé son niveau d'avant crise qu'en 2018 alors que le PIB était supérieur de 10 %. À noter cependant que, de début 2017 à fin 2019, l'industrie a recréé des emplois (+ 45 000), ce qui n'était pas arrivé depuis le début des années 2000. La crise de la Covid-19 a fortement impacté le tissu productif : la production manufacturière a chuté de près de 40 % entre février et avril 2020, au moment du premier confinement, dont plus de 90 % pour l'industrie automobile. Et, dans le secteur des services, les activités liées au tourisme et à l'hébergement-restauration ont enregistré des pertes d'activité de l'ordre de 80 % et les activités

2 Pour plus de détails sur les raisons des pertes d'emplois industriels, voir première partie, chapitre IV.

culturelles de 90 %. Plus de deux ans après le début de la crise sanitaire, la situation sectorielle est très hétérogène, avec des branches qui, au premier trimestre 2022, affichent des niveaux d'activité très supérieurs à ceux de la fin 2019 (information-communication, notamment), et d'autres qui sont loin d'avoir récupéré, comme l'hébergement-restauration et la fabrication de matériels de transport. À plus long terme, l'impact durable de la crise sur le tourisme international et l'émergence de nouveaux comportements de consommation, couplés à l'enjeu de relocalisation industrielle et à l'accélération de la transition énergétique, sont susceptibles de modifier en profondeur la composition sectorielle du tissu productif français.

Les nationalisations et privatisations

Entre 1946 et 1981, le secteur public s'est développé *via* la création d'entreprises publiques dans des secteurs jugés stratégiques par l'État, comme l'énergie et les transports. À partir de 1981, la gauche a mis en place un programme important de nationalisations, principalement dans les secteurs de la sidérurgie, de l'armement, de la chimie et de la banque. En 1986, après le retour au pouvoir de la droite, un changement va s'opérer avec l'ouverture du capital d'un grand nombre d'entreprises publiques. Les privatisations continuent avec le gouvernement Balladur en 1993 et cette orientation est maintenue en 1995 après l'élection de Jacques Chirac. En 2017, les entreprises du secteur public employaient 767 000 salariés, chiffre relativement stable depuis dix ans. Cela représente 4,9 % de l'effectif salarié marchand contre près de 20 % en 1985. Les effectifs des entreprises publiques restent très concentrés dans les principales entités (La Poste, SNCF, EDF, RATP et Aéroports de Paris) et leurs filiales, représentant à elles seules plus de 85 % des effectifs contrôlés par l'État. Avec la Française des jeux, une nouvelle privatisation a été opérée par l'État fin 2019, engendrant 2 milliards d'euros, mais celle prévue d'Aéroports de Paris a été suspendue avec la crise sanitaire.

La compétitivité et l'attractivité de la France

Mesurer la compétitivité et l'attractivité d'un pays n'est pas aisé. Les résultats sont très différents d'une étude à l'autre. Pour ne citer que les études les plus médiatisées, mais controversées et contradictoires, la France était classée 29e dans le *World Competitiveness Ranking* de l'Institut international de management de Lausanne en 2021 (les premiers pays étant la Suisse, la Suède et le Danemark). Selon le cabinet AT Kearney, la France est rentrée pour la première fois en 2019 dans le top 5 des pays les plus attractifs de la planète, devant la Chine et le Japon, les premiers étant les États-Unis. Enfin, selon le baromètre 2022 de l'attractivité d'Ernst&Young, la France est classée au 6e rang mondial pour l'intérêt des projets d'implantation sur son territoire, troisième des pays européens derrière l'Allemagne et le Royaume-Uni.

Dans la plupart des études, les notions de compétitivité et d'attractivité sont mélangées. Il est cependant nécessaire de distinguer ces deux concepts. La compétitivité d'un pays est la capacité du secteur productif à répondre à la demande intérieure et étrangère tout en offrant aux résidents un niveau de vie qui, à la fois, s'élève et puisse être préservé à long terme. L'appréciation de la compétitivité d'un pays fait appel à deux approches complémentaires [Debonneuil et Fontagné, 2003] : les indicateurs de performance, d'un côté, et leurs déterminants, de l'autre.

La première approche, axée sur les résultats, est une approche *ex post* de la compétitivité. L'indicateur le plus pertinent est les parts de marché des exportations dans le commerce mondial. La seconde approche (compétitivité *ex ante*), qui s'intéresse aux déterminants internes de la croissance, regroupe des éléments touchant à l'attractivité (que l'on développera après).

Entre 1990 et 2001, la France a amélioré sa compétitivité-prix, malgré une évolution tendancielle du taux de change défavorable, et figurait parmi les pays qui, par la désinflation et la modération salariale, avaient réduit leurs coûts salariaux unitaires. Durant cette période, en maîtrisant mieux ses coûts salariaux que l'Allemagne ou les pays anglo-saxons, la France a amélioré ses parts de marché dans le commerce mondial (graphique 1).

Depuis 2001, la France a connu une lourde chute de ses parts de marché pour trois raisons : d'abord, il y a la perte de compétitivité-prix des exportations françaises consécutive à l'appréciation du taux de change effectif réel de la France (valeur réelle par rapport à un panier de monnaies) et, ensuite, l'engagement d'une politique de réduction des coûts de production par l'Allemagne. Cette politique menée depuis 2003, visant à améliorer sa compétitivité-prix grâce à la modération salariale et à la délocalisation des segments les moins productifs de sa chaîne de

Graphique 1. **Parts de marché et taux de change effectif réel**

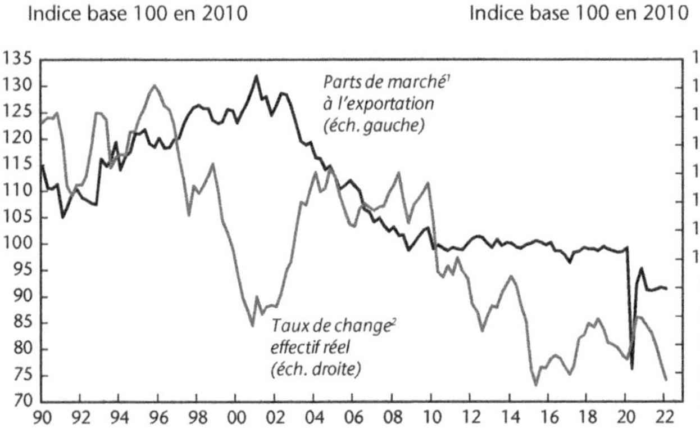

1. Rapport des exportations françaises à la demande adressée en biens et services à la France en volume.
2. Une hausse du taux de change réel correspond à une appréciation (et inversement).

Sources : OCDE ; PIE ; estimations OFCE.

production, lui a permis de gagner des parts de marché dans la zone euro au détriment de ses partenaires, dont la France. À cela s'ajoutent, depuis la crise des dettes souveraines au début des années 2010, les politiques de désinflation salariale menées dans les pays du sud de la zone euro qui ont pesé sur la compétitivité de la France. Enfin, l'émergence des BRICS (Brésil, Russie, Inde, Chine et Afrique du Sud) sur la scène internationale et l'entrée de la Chine à l'Organisation mondiale du commerce (OMC) en 2001 se sont faites au détriment des pays traditionnellement industriels comme les États-Unis, le Japon ou l'Europe.

Les pertes de parts de marché de la France sur la période 2000-2007 seraient dues à la compétitivité-prix, et celles depuis 2008, bien que moindres, seraient le fait de la compétitivité hors prix [Bas *et al.*, 2015]. La dégradation des marges des exportateurs, afin de limiter les pertes de compétitivité-prix en raison de la forte dégradation de la compétitivité-coût, a pu pénaliser les investissements en innovation et affaiblir la montée en gamme des produits français, participant certainement à la perte de compétitivité-hors coût. Pour tenter d'y remédier, sous la présidence de François Hollande, le gouvernement a sanctuarisé le crédit d'impôt recherche (CIR) et mis en place, à partir de 2013, le crédit d'impôt pour la compétitivité et l'emploi (CICE), puis le Pacte de responsabilité en 2015, soit plus de 30 milliards pour réduire le coût du travail. Et, sous la présidence d'Emmanuel Macron, le CICE a été transformé en 2019 en baisse de 6 points de cotisations patronales, et les cotisations patronales restantes au niveau du SMIC ont été supprimées. De plus, la baisse de l'IS a été amorcée depuis 2017 pour atteindre un taux de 25 % (contre 33 % initialement) en 2022, pour un coût total de 12 milliards. Enfin, le plan France Relance 2030 mis en place pour dynamiser la reprise de l'économie à la suite de la crise sanitaire contient un volet fiscal pour les entreprises, avec une baisse de 10 milliards par an des impôts sur la production.

Cependant, malgré l'amélioration de la compétitivité-coût de la France au tournant de 2010, qui s'est nettement accélérée depuis 2014 avec la montée en charge des mesures d'offre et la dépréciation de l'euro, les gains de parts de marché ne se sont pas matérialisés.

Dans un mouvement symétrique à celui de la période 2000-2007, les exportateurs français privilégient depuis 2014 le redressement de leurs marges à l'amélioration de la compétitivité-prix, limitant les effets positifs sur les parts de marché à court terme [Dervaux et Plane, 2021].

Début 2022, les parts de marché n'avaient pas retrouvé leur niveau d'avant la crise de la Covid-19, les secteurs des matériels de transport et du tourisme restant durablement touchés par les restrictions de déplacement au niveau mondial.

Depuis la fin des années 1960, l'économie française s'est ouverte sur l'extérieur. La part des exportations est passée de moins de 14 % en moyenne dans les années 1960 à environ 20 % à la fin des années 1970, pour s'élever à plus de 25 % depuis 1997, et fluctuer autour de 30 % (graphique 2). Le renforcement de l'insertion de la France dans l'économie internationale est source d'élévation de l'activité, mais accentue sa dépendance vis-à-vis du cycle mondial et des chocs extérieurs. Cette dépendance accrue n'a pas toujours joué contre l'économie française. En effet, après avoir été longtemps négatif à partir de la seconde moitié des années 1980, le solde extérieur est resté positif de 1992 à 2005, signe que les entreprises ont pu s'insérer à leur avantage dans le mouvement de mondialisation.

Graphique 2. **Ouverture de l'économie française**

En % du PIB, valeur

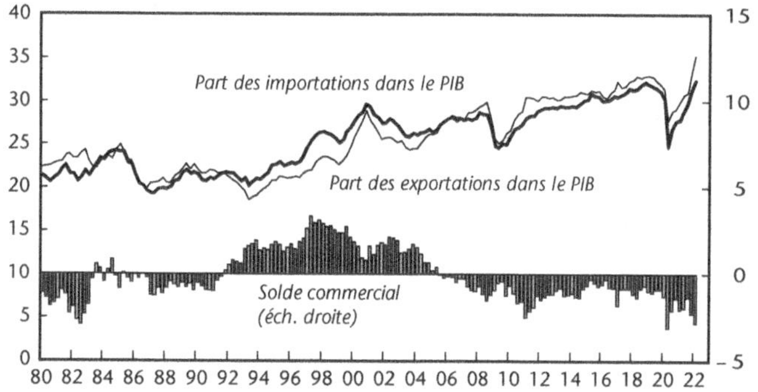

Source : Insee, comptes nationaux.

Cependant, la balance commerciale est redevenue négative en 2006, d'abord sous l'influence des pertes de compétitivité vis-à-vis de l'Allemagne, mais aussi sous l'effet d'une spécialisation géographique qui a joué au détriment des exportations. Plus de la moitié des exportations françaises s'orientent vers l'Union européenne (60 % si l'on inclut le Royaume-Uni), peu vers les États-Unis (8 %) ou le bloc Brésil-Russie-Inde (3 %). La présence française dans les pays à croissance rapide, pays du Sud-Est asiatique et surtout Chine, demeure faible (moins de 5 % à destination de la Chine). De ce fait, la France a peu profité de la forte croissance de ces zones et a de plus subi la crise particulièrement marquée dans la zone euro à partir de 2008.

Depuis 2006, la France affiche un déficit commercial en biens qui s'est creusé jusqu'en 2011, où il a atteint un point bas à 65 milliards d'euros (3,2 points de PIB), mais qui s'est réduit depuis, sous l'effet principalement de la baisse des prix du pétrole et a atteint 47 milliards d'euros en 2019 (1,9 point de PIB). La balance courante, bien que déficitaire, se situait à un niveau inférieur en 2019 (– 0,3 point de PIB) en raison des excédents dégagés par la balance des services (1 point de PIB), en partie grâce au tourisme (0,5 point de PIB), et d'une balance des revenus positive (0,6 point de PIB), tirée par les revenus de l'investissement (1,5 point de PIB). Avec la crise de la Covid-19, la balance courante française s'est dégradée de 0,5 point de PIB entre 2019 et 2021, en raison notamment de sa spécialisation sectorielle dans l'aéronautique et le tourisme. Le déficit de la balance en biens a fortement augmenté (0,9 point de PIB malgré une baisse de la facture énergétique de 0,2 point de PIB sur la période), mais celle des services s'est améliorée (0,5 point de PIB), et ce malgré les pertes liées au tourisme (– 0,3 point de PIB), grâce à la forte amélioration de la balance des services de transport, avec notamment le fret maritime (0,7 point de PIB). Enfin, la balance des revenus a légèrement baissé (– 0,1 point de PIB), affichant cependant un excédent de plus de 10 milliards en 2021.

L'excédent structurel de la balance des revenus de la France est étroitement associé à l'internationalisation *via* les implantations des entreprises à l'étranger. Au regard des sorties nettes d'investissements directs étrangers (IDE) au cours des années 2000, il semblerait que les grandes entreprises françaises aient fait plutôt le choix de la production à l'étranger que celui de l'exportation [Gaulier, 2012]. La France est le premier pays européen pour l'emploi dans les filiales à l'étranger devant l'Allemagne et le Royaume-Uni [Boccara et Picard, 2015]. En 2019, selon l'Insee, les firmes multinationales françaises (hors secteur bancaire et services non marchands) contrôlent 48 200 filiales à l'étranger dans plus de 190 pays. Les filiales à l'étranger emploient 6,8 millions de salariés, ce qui représente 56 % des effectifs des firmes dont elles font partie. Et le stock d'investissements directs français à l'étranger, estimé à 1 261 milliards d'euros fin 2020 (55 % du PIB), a doublé depuis fin 2006 (environ 625 milliards), les terres d'accueil restant à près de 80 % les pays de l'Union européenne, le Royaume-Uni et les États-Unis, même si la part de l'Europe a diminué au profit des autres zones géographiques (Asie, Afrique, Amérique latine et Caraïbes).

L'approche *ex ante* de la compétitivité s'intéresse aux éléments touchant à l'attractivité. Selon la Direction de la prévision, l'attractivité peut être définie comme la capacité à attirer des activités nouvelles et des facteurs de production mobiles — capitaux, travailleurs qualifiés — sur le territoire afin d'améliorer la compétitivité et d'augmenter le niveau de vie de ses habitants.

Si les indicateurs pour mesurer l'attractivité d'un territoire se sont largement développés avec la construction d'indices mêlant à la fois des variables macroéconomiques et des enquêtes d'opinion, l'indicateur quantitatif le plus utilisé reste les flux d'IDE entrant dans le pays. Alors que la plupart des indicateurs d'attractivité placent la France relativement loin du groupe de tête, l'analyse des IDE apporte un diagnostic différent. En effet, selon le rapport de la CNUCED de 2021, la France était le 15e pays au monde en termes d'accueil de flux d'IDE et le 3e pays de l'Union européenne derrière l'Allemagne et la Suède. Fin 2019, les stocks d'IDE en France représentaient 785 milliards d'euros (34 % du PIB), concentrés principalement dans deux secteurs : l'industrie et les activités financières et d'assurance. Plus de la moitié de ces IDE en France sont détenus par des résidents des États-Unis, de la Suisse, du Royaume-Uni et de l'Allemagne. À noter que la Chine (y compris Hong Kong) ne possède qu'à peine plus de 1 % du stock d'IDE en France.

Si ces statistiques donnent une image relativement positive de l'attractivité de la France, les indices de compétitivité, mêlant données quantitatives et enquêtes qualitatives, sont plus pessimistes. Les investisseurs sondés reprochent généralement à la France une fiscalité trop lourde ainsi qu'un manque de stabilité et de clarté dans l'environnement législatif et administratif.

Une autre façon de mesurer l'attractivité de la France pour les investisseurs étrangers est de regarder la part des entreprises étrangères sur le territoire. En 2019, selon l'Insee, 16 800 entreprises en France sont sous le contrôle de firmes multinationales étrangères. Elles emploient 2,2 millions de salariés, ce qui représente 13 % des effectifs du secteur marchand en France, et réalisent 17 % de la valeur ajoutée du territoire national. Pour les plus grands groupes, 40 % du capital des entreprises cotées au CAC 40 fin 2020 étaient détenus par des capitaux étrangers selon la Banque de France, en légère baisse depuis 2013 où un pic avait été atteint (48 %).

Des cycles d'investissement marqués

L'investissement des entreprises a subi de violentes secousses depuis la crise des *subprimes* de 2008 : une baisse de 15 % qui s'est prolongée pendant six trimestres consécutifs, puis une forte reprise engagée à la fin de 2009 jusqu'à fin 2011, qui a permis à l'investissement de regagner deux tiers du terrain perdu depuis son sommet de 2008. Les politiques d'austérité budgétaire conduites en France et en Europe ont interrompu la reprise, et l'investissement s'est à nouveau retourné, avant d'amorcer une reprise au début de 2013, qui s'est nettement accélérée à partir de 2015, ce dernier augmentant de 22 % au cours de la période 2015-2021. Plus de la moitié du redressement de l'investissement est attribuable à l'investissement en information-communication, qui a crû de 58 % sur la même période, soit un rythme supérieur à ce qui a pu être observé au tournant des années 1990 et 2000 au moment de la bulle des technologies de l'information et de la communication (TIC). Sur ce point, il est intéressant de noter que les entreprises industrielles françaises investissent beaucoup plus dans les actifs immatériels (logiciels, bases de données, R&D...) que leurs homologues européennes, relativement à leur valeur ajoutée [Guillou *et al.*, 2018]. Ainsi, à la fin de l'année 2019, avant la crise sanitaire, le taux d'investissement des entreprises avait effacé les effets de la crise des *subprimes*, atteignant un plus haut historique de 13,2 points de PIB, soit 5 points de plus que le pic précédent début 2008.

L'évolution de l'investissement observée depuis une grosse décennie a déjà eu des précédents. Elle s'inscrit dans une trajectoire habituellement marquée par des vagues récurrentes de hausses et de baisses. Ces vagues donnent à la formation brute de capital fixe (FBCF) une évolution cyclique liée au comportement des entreprises au cours des différentes phases de croissance (graphique 3).

Une entreprise investit pour augmenter sa capacité de production, mais aussi pour remplacer ses équipements usagés et moderniser ses procédés de production. La croissance du stock de capital productif en quantité et en qualité est assurée par l'investissement. Cependant, ces capacités nouvelles ne sont pas opérationnelles immédiatement, ce qui rend le stock de capital disponible pour la production relativement inerte à court terme. D'abord, la décision d'investir, qui engage plusieurs années, n'est prise que quand la croissance des débouchés est jugée pérenne. Ensuite, les temps d'installation et de rodage des équipements introduisent un autre délai entre l'investissement et la croissance effective des capacités. À court terme, les entreprises ajustent donc les capacités au niveau désiré en modulant le taux d'utilisation du capital et la durée d'utilisation des équipements, c'est-à-dire l'intensité avec laquelle le parc d'équipements existant est utilisé. Ainsi, pendant les phases hautes (basses) du cycle économique, l'augmentation (le recul) du taux d'utilisation des

Graphique 3. **Investissement des entreprises en volume**

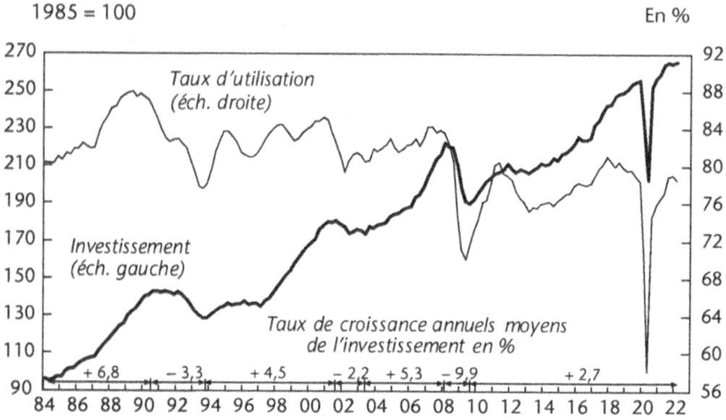

Sources : Banque de France ; Insee, comptes nationaux.

capacités de production accompagne la croissance (contraction) de l'investissement.

L'investissement dépend aussi de contraintes financières. Le taux d'endettement des entreprises (crédits hors actions rapportés à la valeur ajoutée) et surtout les ressources affectées à son remboursement, mesurées par le taux d'intérêt réel d'emprunt des entreprises, vont avoir un effet sur l'investissement à long terme. Les prêteurs de fonds et actionnaires ne vont soutenir des projets que si le niveau d'endettement leur paraît soutenable et que la capacité à rembourser les prêts, à payer les intérêts et à dégager des profits est suffisante. L'épargne dégagée par l'entreprise peut lever la contrainte de l'endettement. Plus elle dégagera de profits, moins elle sera dépendante de financements extérieurs pour financer ses projets, ce que mesure le taux d'autofinancement (l'épargne rapportée à l'investissement). La combinaison d'un endettement excessif et d'un rationnement des financements extérieurs (*credit crunch*) peut conduire à une situation de blocage de l'investissement, comme ce qui s'est produit en 2008. Cette plus grande dépendance des entreprises vis-à-vis des financements extérieurs a accru la transmission des crises financières sur l'investissement, et donc sur l'économie réelle.

Le troisième déterminant de l'investissement est la profitabilité[3] du capital. Les entreprises disposant de ressources financières peuvent, après avoir distribué les dividendes, les affecter à divers emplois, comme le remboursement des dettes, les placements financiers ou l'investissement productif. Encore faut-il que ce dernier dégage une rentabilité suffisante par rapport à celle des emplois alternatifs. Si sa rentabilité attendue est inférieure aux taux d'intérêt, l'entreprise pourra avantageusement affecter ses ressources au désendettement ou à l'achat d'actifs financiers. L'investissement est en général peu dynamique dans les périodes où les taux d'intérêt réels sont élevés, synonyme d'une profitabilité du capital dégradée, ce qui est un puissant frein à l'investissement.

La forte croissance de l'investissement dans la seconde moitié de la décennie 1980 s'était inscrite dans un contexte d'amélioration notable de la profitabilité des entreprises : la politique de rigueur menée à partir de 1983, notamment la désindexation des salaires et des prix, ainsi que le faible niveau de l'emploi, en contenant la progression de la masse salariale, avaient favorisé le redressement du taux d'autofinancement (graphique 4).

L'accumulation des profits entre 1983 et 1985 a permis de financer la reprise de l'investissement à partir de 1985. La remontée des profits s'est poursuivie, portée par le cycle de productivité, et les entreprises ont pu financer leurs investissements en limitant la progression de la dette. La décennie 1990 s'est ouverte sur un ralentissement de la croissance. Le poids de l'endettement s'est rapidement accru et les marges d'autofinancement se sont réduites. Les entreprises ont dû alors freiner leurs dépenses pour assainir leurs bilans. L'investissement entrait en phase de blocage.

Dans un contexte de politique monétaire restrictive, la hausse des taux réels a contraint les entreprises à se désendetter par la compression de leurs dépenses. Elle a aussi entamé la profitabilité du capital et, par là, a incité les entreprises à détourner leurs ressources de l'investissement productif vers les placements financiers plus rémunérateurs. Après la récession de 1993, la politique monétaire s'est assouplie. Les arbitrages financiers sont redevenus plus favorables à l'investissement et ont poussé à la modernisation des équipements issus de la vague précédente.

Ce mouvement est toutefois resté embryonnaire, freiné par les ajustements budgétaires imposés par le traité de Maastricht. C'est en 1997 que l'investissement a accéléré, renouant avec les rythmes soutenus de la décennie 1980. Cette grande phase de

Graphique 4. **Taux d'autofinancement[1] et taux de marge[2] des sociétés non financières**

En %

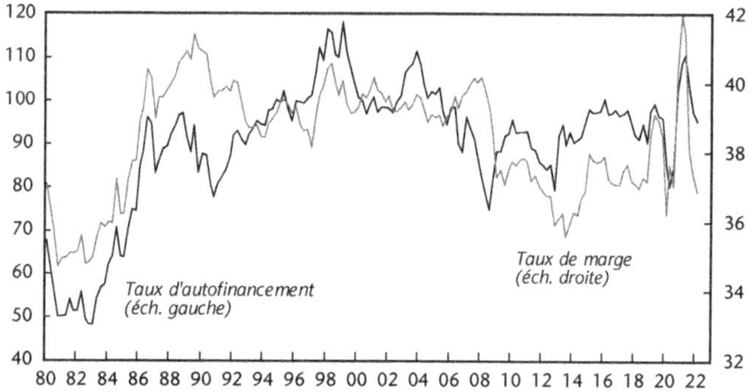

1. Épargne rapportée à l'investissement.
2. Excédent brut d'exploitation rapporté à la valeur ajoutée.

Sources : Insee, comptes nationaux.

croissance s'est achevée dans l'excès. À la fin des années 1990, les anticipations de profitabilité liées aux nouvelles technologies de l'information et de la communication sont devenues irraisonnées. Les entreprises ont alors surinvesti, certaines réalisant des opérations de croissance externe à des coûts exorbitants : multiplication des opérations de fusions-acquisitions et formation d'une bulle spéculative sur les marchés boursiers.

L'éclatement de cette bulle aux États-Unis, début 2000, a gagné l'Europe. Une fois les investisseurs revenus à la raison, la chute des valorisations et leur effondrement dans les secteurs de la nouvelle économie ont contraint les entreprises à provisionner d'importantes dépréciations d'actifs, alors que les passifs restaient lestés par les dettes contractées pour les acquisitions. Les entreprises ont alors cherché à se désendetter en réduisant l'investissement, comme au début de la décennie 1990. Mais les taux d'intérêt réels étant en 2000 moins élevés qu'en 1990, l'assainissement des bilans a eu des conséquences moins dévastatrices qu'alors. La baisse ultérieure des taux a permis un redressement de la profitabilité du capital, qui a été à l'origine de la troisième vague de hausse de ces quarante dernières années. En faisant jouer le levier de l'endettement au détriment du taux d'autofinancement (graphique 4), les actionnaires ont profité à plein, durant les années 2000, d'opportunités de gain ouvertes par l'allocation des ressources empruntées vers l'investissement.

La crise financière de 2008 a changé la donne, avec le tarissement du crédit qui a enrayé la mécanique de l'effet de levier. D'autre part, et même si les taux d'intérêt à long terme étaient bas, la forte baisse de la rentabilité du capital a entraîné une diminution de sa profitabilité. Sous-utilisation des équipements, taux d'endettement proche des records historiques, faiblesse du taux d'autofinancement, profitabilité entamée par la crise, faiblesse de l'activité, aucun des déterminants de l'investissement n'était favorablement orienté après le choc de 2008/2009. Mais, au cours de l'année 2015, le contexte macroéconomique a évolué, créant un climat propice à une reprise de l'investissement : redressement des marges des entreprises, coût du capital historiquement faible, accélération de la croissance soutenue par la baisse des prix du pétrole, par la dépréciation de l'euro et par l'arrêt de la consolidation budgétaire en France et dans la zone euro. L'augmentation de l'investissement au rythme de 3 % l'an depuis 2015 indiquait que la France était clairement dans un cycle de reprise.

La crise de la Covid-19 a brutalement interrompu ce mouvement, avec une chute de l'investissement de – 7 % en 2020, plombé par les matériels de transport (– 20 %), la construction (– 14 %) et les biens d'équipement (– 10 %). En revanche, l'investissement en information-communication a continué à croître en 2020 (+ 3,5 %). Par ailleurs, si le recul de l'investissement en 2020 est très élevé, il est inférieur à celui de 2009 (– 12 %) alors même que la chute d'activité en 2020 a été près de trois fois supérieure à celle de 2009. Ce phénomène traduit plusieurs éléments. Le premier est que les entreprises n'ont pas anticipé une chute durable de l'activité. D'ailleurs, l'investissement s'est redressé vigoureusement en 2021 (+ 11 %), s'établissant à 3,5 % au-dessus de son niveau de la fin 2019. Le deuxième est que les entreprises n'appartenant pas à des secteurs administrativement fermés se sont adaptées aux contraintes, à l'image des chaînes industrielles ou des chantiers du BTP ayant poursuivi leur activité pendant les deuxième et troisième confinements. Et, troisièmement, la crise de la Covid-19 a conduit les entreprises à accélérer leur transformation numérique, ce que révèlent les chiffres d'investissement dans l'information-communication qui n'ont jamais été aussi élevés (+ 17,5 % au premier trimestre 2022 par rapport à la situation pré-Covid-19).

Repères bibliographiques

Bas M. *et al.* [2015], « À la recherche des parts de marché perdues », *Note du Conseil d'analyse économique*, n° 23.

Boccara F. et Picard T. [2015], « Commerce extérieur et implantation des firmes multinationales : des profils différents selon les pays », *Insee Première*, n° 1558.

Cottet V. [2010], « Depuis trente ans, les grandes entreprises concentrent de plus en plus d'emplois », *Insee Première*, n° 1289.

Debonneuil M. et Fontagné L. [2003], « Compétitivité », *Rapport du Conseil d'analyse économique*, n° 40, La Documentation française, Paris.

Dervaux H. et Plane M. [2021], « Taux de marge et investissement du secteur exportateur : une analyse comparée entre la France et l'Allemagne », *Revue de l'OFCE*, n° 172.

Ducoudré B. et Heyer E. [2014], « Baisse de l'euro et désinflation compétitive : quel pays en profitera le plus ? », *Revue de l'OFCE*, n° 136.

Gaulier G. [2012], « Les échanges extérieurs français : des excédents aux déficits », *Problèmes économiques*, hors-série, n° 1, août.

Guillou S., Mini C. et Lallement L. [2018], « L'investissement des entreprises est-il efficace ? », La Fabrique de l'industrie, Paris.

SECONDE PARTIE

Dossiers thématiques

1 / Quelle évolution du pouvoir d'achat au cours du quinquennat 2017-2022 ?

Pierre Madec, Mathieu Plane et Raul Sampognaro

Le pouvoir d'achat a longtemps été l'une des premières préoccupations des Français. Pour l'économiste, il soulève de nombreuses interrogations, à la fois sur sa mesure macroéconomique et sur les composantes qui expliquent son évolution. Ce chapitre a pour ambition de fournir à la fois une analyse détaillée des évolutions du pouvoir d'achat au niveau macroéconomique et une analyse en fonction du niveau de vie. Il s'appuie sur les travaux présentés plus en détail par Madec *et al.* [2022].

Les évolutions macroéconomiques du pouvoir d'achat en France

Depuis le début des années 1990, le pouvoir d'achat du revenu disponible brut (RDB) par unité de consommation (UC) a crû en moyenne de 0,9 % par an pour un gain réel moyen de l'ordre de 280 euros de 2021. Cette évolution a été marquée par différentes phases (graphique 1) dont les points de rupture ne coïncident pas forcément avec les mandats présidentiels. De 1990 à 1996, période marquée par une faible croissance économique et des ajustements budgétaires importants, les gains de pouvoir d'achat ont été faibles. De 1997 à 2007, ils augmentent dans un contexte de forte croissance de la zone euro. La période allant de 2008 à 2014 a été marquée par la crise financière, puis par celle de la zone euro, accompagnée par une politique d'austérité fiscale et budgétaire très dure. Enfin, depuis 2015, les gains de pouvoir d'achat redeviennent positifs mais sont modérés.

Graphique 1. **Revenu disponible brut réel par unité de consommation**

En euros constants de 2021

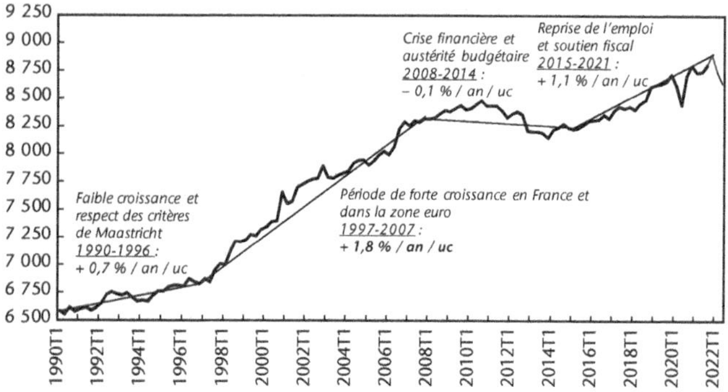

Sources : Insee ; calculs OFCE.

Pendant cette période, on observe une reprise de l'emploi et une politique de soutien fiscal aux ménages à partir de 2019. Les évolutions de cette période sont aussi marquées par la crise de la Covid-19, et le premier semestre 2022 par la flambée des prix de l'énergie. En complément des dynamiques historiques du pouvoir d'achat, nous comparons ici les évolutions de celui-ci pour la période de chacun des mandats présidentiels. Si ces chiffres permettent de comparer le quinquennat d'Emmanuel Macron avec les mandats précédents, ils ne permettent pas de distinguer ce qui est dû aux choix de politique économique faits au cours du mandat et ce qui est dû aux effets conjoncturels ou à des évolutions structurelles. De plus, des évolutions budgétaires sur un quinquennat peuvent être la conséquence de mesures décidées auparavant. Le pouvoir d'achat par UC a crû en moyenne de 0,5 % par an sous le quinquennat d'Emmanuel Macron[1], ce qui correspond à un gain annuel moyen de 170 euros par UC[2]. C'est

1 La révision significative des gains de pouvoir d'achat par rapport à l'étude de Madec *et al.* [2022] est due à un premier semestre 2022 marqué par un repli du pouvoir d'achat bien plus fort qu'anticipé en raison principalement du choc inflationniste lié à la flambée du prix de l'énergie, avec le déclenchement de la guerre en Ukraine.

2 Tous les calculs de la partie macroéconomique sont réalisés en euros constants de 2021.

plus que durant le quinquennat de François Hollande (+ 0,1 %) ou celui de Nicolas Sarkozy (+ 0,2 %), mais moins que durant les mandats précédant la crise de 2008.

La comparaison, au cours de chaque mandat, du RDB réel avec les revenus primaires réels bruts (issus du travail et du patrimoine) permet aussi d'observer les effets du système sociofiscal sur le pouvoir d'achat macroéconomique des ménages. Il est cependant important de noter que la hausse du pouvoir d'achat du RDB peut être soutenue par un accroissement du déficit public ou, à l'inverse, être freinée par les mesures budgétaires restrictives visant à le réduire. Or, dans un cadre macroéconomique avec une contrainte budgétaire intertemporelle, l'évolution du déficit et de la dette peut avoir des effets sur le revenu intertemporel des ménages ainsi que des effets redistributifs au sein de la population qui ne sont pas observables dans la seule évolution du RDB des ménages.

Quelle évolution du pouvoir d'achat au cours du quinquennat 2017-2022 ?

Durant le quinquennat d'Emmanuel Macron, les gains de pouvoir d'achat par UC ont été plus rapides que l'évolution des revenus primaires réels par UC, même si cet écart s'est estompé au premier semestre 2022. Comptablement, le système sociofiscal a soutenu le RDB pour 0,1 point par an au cours du quinquennat. Cette mesure comptable est une approximation de l'effet du système sociofiscal sur le RDB, qui intègre les stabilisateurs automatiques, mais elle ne tient pas compte des effets des politiques économiques sur les revenus primaires et de l'évolution des bases fiscales, avec la progressivité de certains impôts, comme l'impôt sur le revenu.

Au cours du quinquennat, le PIB par UC a quasiment progressé comme le pouvoir d'achat par UC. À titre de comparaison, durant le quinquennat de François Hollande, le PIB par UC a crû de 0,6 % par an, une croissance équivalente à celle observée durant le quinquennat d'Emmanuel Macron mais avec des différences significatives sur les revenus primaires et le RDB des ménages. Ainsi, malgré une croissance du PIB similaire sur cinq ans, les gains de pouvoir d'achat annuels sont en moyenne de 0,4 point de RDB plus faibles pendant le quinquennat de F. Hollande, reflétant des transferts défavorables aux ménages à la fois dans le partage des revenus et dans la contribution négative des mesures sociofiscales au pouvoir d'achat. En revanche, la trajectoire des déficits publics est très différente durant les deux quinquennats. Au cours du mandat de F. Hollande, le déficit public s'est réduit de 2,8 points de PIB alors que, entre le deuxième trimestre 2017 et le deuxième trimestre 2022, celui-ci s'est accru de 1,2 point de PIB.

Quelles sont les composantes qui expliquent les variations du pouvoir d'achat ?

La période du quinquennat d'E. Macron se caractérise par des gains positifs liés à la fois aux revenus primaires (issus du travail et du patrimoine) et aux évolutions du système sociofiscal (graphique 2). Les gains liés aux prestations sociales en espèces sont faibles par rapport aux mandats précédents, mais l'évolution des prélèvements fiscaux et sociaux directs sur les ménages a contribué positivement au pouvoir d'achat, ce qui n'avait jamais été observé au cours des quatre mandats précédents. Avec un écart de 235 euros par an et par UC entre les quinquennats de F. Hollande et d'E. Macron, les seules mesures fiscales sur les ménages expliquent plus que la totalité de la différence de gain de pouvoir d'achat au cours des deux mandats.

Les revenus du patrimoine (loyers, dividendes et intérêts nets) ont contribué faiblement mais positivement au pouvoir d'achat au cours du quinquennat d'E. Macron, ce qui ne s'était pas produit depuis la crise financière de 2007. En revanche, ces gains issus des revenus du patrimoine sont très éloignés de ceux observés pendant les deux mandats de J. Chirac (entre 111 et 192 euros par an et par UC), les différences de gains pouvant s'expliquer en partie par la forte baisse des taux d'intérêt après la crise de 2007. Après une très forte augmentation durant le premier mandat de J. Chirac, les gains de pouvoir d'achat liés aux revenus du travail sont quasiment stables depuis vingt ans (entre 115 et 155 euros par an et par UC), la seule exception étant le quinquennat de N. Sarkozy, marqué par la forte dégradation du marché du travail à la suite de la crise financière.

Quelle contribution des revenus du travail au pouvoir d'achat ?

Au sein de la dynamique des revenus du travail contribuant au RDB, il est important de distinguer les évolutions liées aux

Graphique 2. **Contribution des composantes aux variations annuelles moyennes du RDB réel par unité de consommation**

En euros constants de 2021

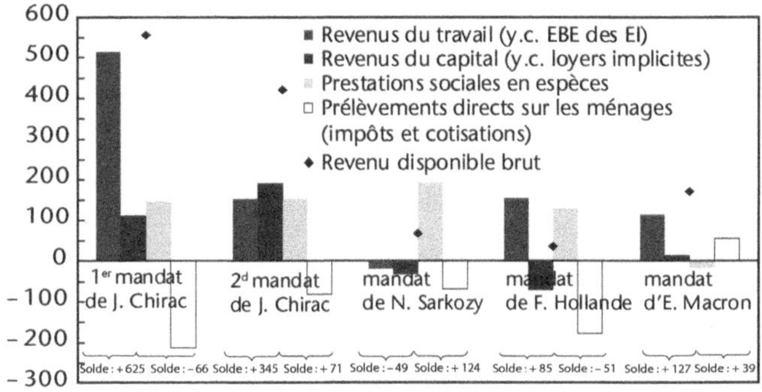

Sources : Insee ; calculs des auteurs.

créations ou destructions d'emplois, celles correspondant aux revalorisations réelles des revenus, notamment des salaires bruts, l'évolution des cotisations sociales payées par les ménages. Durant le quinquennat d'E. Macron, les revenus réels du travail nets de cotisations sociales payées par les ménages ont contribué à accroître le pouvoir d'achat par UC de près de 200 euros par an. Si l'on inclut la hausse de la CSG, qui n'est pas comptabilisée comme une cotisation mais comme un impôt sur le revenu dans les comptes nationaux, ce gain est de l'ordre de 110 euros par an et par UC. Les gains de pouvoir d'achat liés au travail durant ce quinquennat sont supérieurs à ceux des trois quinquennats précédents, malgré des effets de revalorisation des revenus bruts réels du travail moins élevés (35 euros par an et par UC, alors que les montants sont compris entre 150 et 195 euros au cours des quinquennats précédents). En revanche, le quinquennat d'E. Macron affiche une contribution positive de l'emploi (+ 80 euros) au pouvoir d'achat par UC en raison de la hausse du nombre d'emplois par UC depuis 2017, alors qu'il a baissé au cours des trois quinquennats précédents, l'effet étant particulièrement négatif lors du quinquennat de N. Sarkozy (– 165 euros). Et, d'autre part, la fiscalité sur les revenus du travail, liée à la bascule cotisations-CSG, contribue positivement au pouvoir d'achat par UC, ce qui n'était pas le cas durant les quinquennats précédents, même si cet effet était faible durant le quinquennat de N. Sarkozy.

Quelle contribution des prélèvements fiscaux et sociaux ?

Les mesures fiscales prises par les gouvernements successifs ont modelé les évolutions du pouvoir d'achat au fil des quinquennats. Dans les évolutions des prélèvements fiscaux et sociaux et leur contribution à la dynamique du pouvoir d'achat, il est cependant nécessaire de faire la part entre ce qui est lié aux mesures discrétionnaires prises par le pouvoir politique en place et ce qui est lié au dynamisme des assiettes fiscales, indépendamment de toute nouvelle décision discrétionnaire. Ainsi, dans une économie où les revenus primaires réels augmentent, les prélèvements contribuent négativement à la croissance du RDB, indépendamment de toute nouvelle mesure fiscale. Nous évaluons l'impact des mesures fiscales discrétionnaires sur la base des variations lissées du poids des prélèvements fiscaux et sociaux directs dans les ressources des ménages. Si cette mesure présente le défaut de ne pas pouvoir contrôler les effets liés à la déformation des assiettes fiscales dans le taux moyen apparent de prélèvement, elle permet cependant d'approcher au mieux les mesures discrétionnaires prises au cours des différents mandats.

Le poids des prélèvements directs sur les ressources des ménages a augmenté de façon quasi continue durant la décennie 1990 avant de refluer légèrement au cours de la décennie 2010. Une franche augmentation de ces prélèvements a eu lieu de 2011 à 2014, période qualifiée d'austérité fiscale, avant de se stabiliser de 2015 à 2018. De 2019 à 2021, le poids de ces prélèvements a connu une baisse significative sous l'effet de la montée en charge des mesures de soutien fiscal au pouvoir d'achat (suppression progressive de la taxe d'habitation, défiscalisation des heures supplémentaires, baisse de l'impôt sur le revenu...). Sur l'ensemble du quinquennat d'E. Macron, les mesures fiscales discrétionnaires prises par le gouvernement ont soutenu les gains de pouvoir d'achat par UC à hauteur de 90 euros par an (tableau 1). Les autres mandats ont été marqués par une contribution négative ou très faiblement positive des prélèvements directs au pouvoir d'achat des ménages. Le contraste est

Tableau 1. **Contribution des prélèvements fiscaux et sociaux directs à la variation annuelle moyenne du RDB réel**

En euros par unité de consommation

	Mesures discrétion-naires	**Effet assiettes fiscales**	**Total (prélèvements fiscaux et sociaux directs sur les ménages)**
1er mandat de J. Chirac	– 61	– 152	**– 213**
2d mandat de J. Chirac	**11**	**– 93**	**– 82**
Mandat de N. Sarkozy	– 36	– 33	**– 69**
Mandat de F. Hollande	**– 139**	**– 39**	**– 178**
Mandat d'E. Macron	91	– 35	**56**

Sources : Insee ; calculs OFCE.

particulièrement saillant avec le quinquennat précédent, durant lequel la contribution des prélèvements a représenté une perte annuelle de 140 euros par an et par UC.

Les dynamiques des revenus observés au niveau macroéconomique ne renseignent pas sur l'évolution des revenus par niveau de vie ni sur les évolutions des inégalités.

Les périodes de stagnation du pouvoir d'achat se sont-elles traduites par un accroissement des inégalités ? Les périodes de dynamisme du pouvoir d'achat ont-elles *a contrario* bénéficié en premier lieu aux ménages les plus modestes ou aux ménages les plus aisés ?

Effets redistributifs des mesures sociofiscales prises au cours du quinquennat

En analysant les mesures prises au cours du quinquennat, à l'aide de données microéconomiques et du modèle de microsimulation Ines, nous évaluons l'impact redistributif statique au premier degré [Bourguignon et Landais, 2022] des principales mesures sociofiscales issues des budgets 2018 à 2022. Nous avons fait le choix de nous concentrer sur les mesures ayant un impact durable sur le niveau de vie des ménages. Ainsi, les mesures d'urgence prises en réaction à la crise sanitaire et qui ont vocation à être temporaires (extension de l'activité partielle, fonds de solidarité...) sont ici traitées de façon indépendante [Madec *et al.*, 2022] tout comme celles visant à compenser la surprise d'inflation observée en 2021, liée à la forte hausse des prix de l'énergie.

En euros par ménage, le bilan redistributif du quinquennat reste marqué par la réforme de la fiscalité du capital mise en œuvre en 2018 (création du prélèvement forfaitaire unique et de l'impôt sur la fortune immobilière). Sur les 22 milliards d'euros de hausse « simulée » du RDB nominal liée aux réformes sociofiscales intervenues au cours du quinquennat, 17 % ont été à destination du dernier vingtième de niveau de vie. En raison de la forte concentration des revenus du patrimoine au sein des ménages les plus aisés, les gains relatifs seraient probablement plus marqués pour les 1 % des niveaux de vie les plus élevés si l'on avait retenu une approche par centile.

Néanmoins, de nombreuses mesures ont profité aux ménages du milieu de la distribution des niveaux de vie (prime d'activité, défiscalisation des heures supplémentaires, bascule CSG/cotisations...) et, en moyenne, la quasi-totalité des vingtièmes de niveau de vie ont vu leur revenu disponible s'accroître de plus de 2 % sous le seul effet des nouvelles mesures sociofiscales prises sur la période étudiée (graphique 3). En pourcentage de leur niveau de vie, les ménages du milieu de la distribution ont le plus bénéficié des réformes sociofiscales mises en place. *A contrario*, les 5 % de ménages les plus modestes sont ceux ayant perçu les gains les plus faibles, même rapportés à leur niveau de vie peu élevé. Il existe tout de même, au sein de cette population, des ménages qui ont bénéficié de la revalorisation du RSA, de la prime d'activité ou de la mise en place du chèque énergie. Au sein des 5 % de ménages les plus pauvres (v1), 40 % ont gagné en moyenne 380 euros par ménage (+ 5,1 % de leur niveau de vie) à la mise en place des mesures. Dans le même temps, 56 % perdaient en moyenne 280 euros, soit 3,6 % de leur niveau de vie.

Il en est de même dans le haut de la distribution. Si une majorité des ménages appartenant aux 5 % les plus aisés (v20) ont bénéficié des mesures pour un montant moyen dépassant les 6 380 euros par ménage (+ 9,4 %), une minorité d'entre eux ont vu leur revenu disponible amputé par les mesures mises en place pour un montant moyen de l'ordre de 3 000 euros (– 3,6 % de leur niveau de vie). Il s'agit par exemple de retraités, sans patrimoine financier mais avec un patrimoine immobilier important

Graphique 3. **Impact statique de premier ordre des mesures socioﬁscales sur le revenu disponible des ménages, par vingtième de niveau de vie**

En % du niveau de vie avant réforme

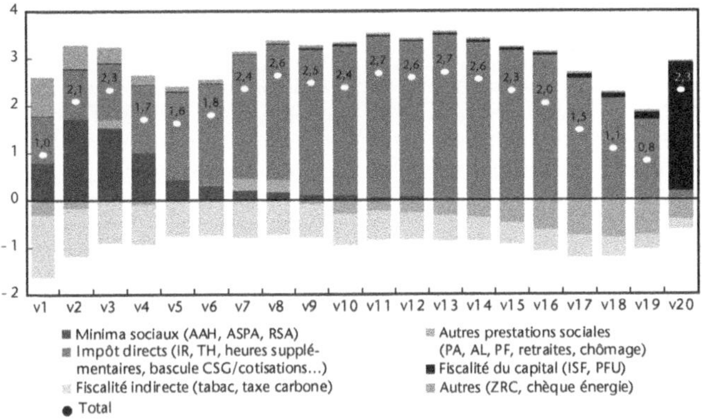

Lecture : en moyenne, le revenu disponible des ménages appartenant aux 5 % les plus aisés augmente de 2,3 % euros si l'on applique la législation en vigueur de 2022 au lieu de celle prévalant en 2017.

Champ : France métropolitaine, personnes vivant dans un ménage ordinaire dont le revenu est positif ou nul et dont la personne de référence n'est pas étudiante.

Sources : Insee, enquête Revenus fiscaux et sociaux 2017 (actualisée 2019), enquête Patrimoine 2014-2015, enquête Budget de famille 2017 ; DGFiP, ISF, 2017 ; Pote, 2017 ; Insee-Drees-Cnaf, modèle Ines, 2019 ; calculs OFCE.

et qui ont pu subir la hausse de la CSG sur leur patrimoine et leur retraite. Les travaux récents de France Stratégie mettent ainsi par exemple en lumière la très forte concentration de la hausse des dividendes au sein des 1 % de ménages les plus aisés.

De fait, l'exercice visant à simuler l'impact des réformes socio-fiscales n'éclaire pas complètement la forte hétérogénéité des situations individuelles. De même, il ne dit rien sur les autres dynamiques à l'œuvre, à même d'impacter le pouvoir d'achat des ménages : évolutions de la structure démographique, du marché du travail, de l'inflation…

Encadré 1. Impacts redistributifs des mesures sociofiscales, un consensus global

L'exercice visant à évaluer l'impact redistributif statique de premier ordre des mesures sociofiscales est un exercice maintenant partagé par de nombreux organismes. L'Insee publie chaque année dans son *Portrait social* une évaluation des mesures sociofiscales entrées en vigueur l'année précédente en mobilisant le modèle de microsimulation Ines. La direction générale du Trésor, en mobilisant son modèle de microsimulation Saphir, publie également dans le *Rapport économique, social et financier* (RESF) des bilans redistributifs. L'OFCE, à l'aide du modèle Ines, ou l'Institut des politiques publiques (IPP) s'attellent chacun, lorsque c'est possible, à fournir une information sur les effets redistributifs des lois de finances successives.

Si l'ensemble de ces exercices peuvent sembler *a priori* identiques et sont donc censés établir des résultats similaires, de nombreuses différences sont à même d'expliquer des résultats pour certains non identiques.

Globalement, les champs d'analyse peuvent différer (inclusion ou non des ménages dont la personne de référence est un étudiant), comme les sources de données (enquêtes Revenus fiscaux et sociaux ou Données fiscales plus exhaustives) ou les méthodes d'évaluation (Quel contrefactuel ? Quels effets de comportement ? Imputation *versus* simulation ? Quelles mesures sont évaluées ?). Il ne s'agit donc pas de distribuer des bons ou des mauvais points, chaque méthode ayant pour elle ses avantages et ses inconvénients. Il convient cependant d'identifier clairement les différences de méthodes, d'adopter au mieux un cadre d'analyse commun mais aussi d'assumer des différences d'évaluation.

Celles-ci sont notamment recensées par André et Sicsic [2020] ou par Bourguignon et Landais [2022]. La question reste tout de même de savoir si ces évaluations sont « cohérentes entre elles ». Autrement dit, si l'on en revient au bilan du quinquennat, il convient de répondre à la question : « Outre les différences de méthode, existe-t-il un consensus sur le bilan redistributif du quinquennat ? » À cette question, et à l'analyse des travaux publiés à la fois par l'IPP et la DG Trésor (l'Insee n'a pas publié de bilan sur l'ensemble de la période), la réponse est plutôt positive, malgré quelques points mineurs de dissensus, facilement explicables.

Du fait de champs de population (inclusion des étudiants) et de mesures (TH, Agirc Arcco, RSA, Zéro reste à charge) qui diffèrent légèrement, nos simulations ne sont pas parfaitement identiques, mais globalement nos résultats sont proches de ceux publiés par l'IPP en novembre 2021. Le bilan fait plutôt consensus.

Concernant le bilan redistributif publié au sein du *Rapport économique, social et financier* de 2022, les conclusions diffèrent de façon un peu plus importante. Néanmoins cela s'explique. À titre d'exemple, la mise en œuvre du prélèvement forfaitaire unique n'est pas simulée de façon similaire dans nos analyses. L'intégration d'effets de comportement a pour conséquence de réduire quasi totalement l'impact budgétaire de la mesure et donc les gains distribués aux ménages les plus aisés [Madec *et al.*, 2022, encadré 7].

À l'inverse, en bas de la distribution, les effets redistributifs sont bien plus élevés dans le RESF que dans notre publication. Cela peut s'expliquer par la prise en compte d'effets de comportement plus importants concernant la fiscalité indirecte (tabac, taxe carbone) ou encore des estimations des effets de la réforme de l'assurance chômage ou des aides au logement différentes, ces deux réformes étant complexes à appréhender.

Effets de l'amélioration de l'emploi depuis le début du quinquennat

Entre le quatrième trimestre 2017 et le quatrième trimestre 2021, plus d'un million d'emplois ont été créés par l'économie française. Si l'emploi total a crû de 3,6 %, certains secteurs ont connu une croissance de l'emploi très forte, d'autres une baisse de l'emploi (voir première partie, chapitre 4). Nous essaierons de tenir compte de ces évolutions de l'emploi par secteur mais aussi par niveau de diplôme dans les données de l'enquête Emploi de 2017. La méthodologie employée consiste à repondérer l'échantillon de l'enquête Emploi afin de modifier exclusivement les taux d'emploi[3] sectoriels et par niveau de diplôme. De cette façon, le poids des individus non inclus dans la population en âge de travailler reste, lui, inchangé (ce qui peut sous-évaluer certains effets liés au vieillissement de la population notamment). Et, ce faisant, nous nous assurons de ne modifier ni la structure d'âge ni la structure démographique des ménages de 2017. Nos simulations aboutissent à la création de 884 400 emplois. Ce résultat diffère quelque peu de l'évolution macroéconomique de l'emploi, du fait notamment des sources mobilisées (enquête emploi *versus* comptabilité nationale).

Notre méthodologie pose l'hypothèse que la structure de l'emploi intrasectoriel est stable sur la période (niveau de diplôme, type de contrats). De cette façon, il est possible d'affecter les créations d'emplois observées pendant la période d'intérêt par dixième de niveau de vie de 2017. Autrement dit, sous les nombreuses hypothèses explicitées précédemment, il est

3 Calculés comme le rapport entre le nombre d'actifs occupés et la population en âge de travailler.

Graphique 4. **Variations de l'emploi et de la masse salariale par rapport à 2017, par dixième de niveau de vie**

En %

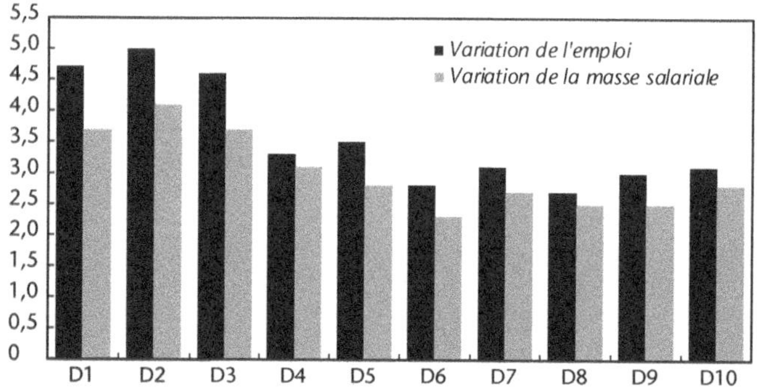

Lecture : selon nos estimations, les 4,7 % de croissance de l'emploi dans le premier dixième de niveau de vie de 2017 ont engendré une augmentation de la masse salariale (hors effet revalorisation des salaires) de ce dixième de 3,7 %.

Champ : France métropolitaine, ménages ordinaires non étudiants au niveau de vie positif.

Sources : Insee, enquêtes Revenus fiscaux et sociaux 2017 ; calculs des auteurs.

possible de répondre à la question de savoir quels dixièmes de revenus ont le plus bénéficié de l'amélioration du marché du travail entre 2017 et 2021, et ce toutes choses égales par ailleurs (structures démographiques). Par ailleurs, nous posons l'hypothèse que le processus de fixation des salaires à caractéristiques sociodémographiques données et au sein de chaque secteur est inchangé à la suite de la nouvelle simulation.

Selon nos estimations, l'emploi total aurait crû de l'ordre de 3 % sur la période 2017-2021. Ces créations d'emplois augmenteraient de 2,4 % la masse salariale versée. Cet écart entre l'emploi créé et la masse salariale s'explique en partie par le type d'emploi créé. Une fois encore, nous posons l'hypothèse que la structure intrasectorielle des emplois est restée inchangée au cours de la période (type de contrat, niveau de qualification). Dès lors, l'impact de l'amélioration de l'emploi sur les salaires versés va dépendre en grande partie de la structure sectorielle de l'emploi, tant en termes de temps de travail que de niveau de qualification. Cet écart entre l'évolution de l'emploi et celle de la masse salariale est, logiquement, encore plus criant à l'observation des résultats par dixième[4] (graphique 4).

Le premier dixième de niveau de vie aurait vu son niveau d'emploi s'accroître de 4,7 % au cours de la période 2017-2021. Sa masse salariale aurait quant à elle augmenté de 3,7 % sous l'effet des créations d'emplois[5]. Dans le haut de la distribution des niveaux de vie, là où le recours au temps partiel et aux contrats courts est plus rare et où le niveau de qualification serait plus homogène, le lien entre l'évolution de l'emploi et celle de la masse salariale semble plus fort. L'emploi y aurait progressé de 3,1 % et la masse salariale de 2,8 %. L'écart entre l'évolution de l'emploi et celle de la masse salariale peut provenir de la structure par âge de l'emploi. Il est en effet possible que les embauches de « jeunes », moins bien rémunérés, soient plus nombreuses dans le bas de la distribution, les salariés ayant vocation, au fil de leur carrière, à se hisser dans l'échelle des niveaux de vie.

Mesures sociofiscales, évolution de l'emploi : quels effets sur les inégalités de niveau de vie ?

Nous l'avons vu, les mesures sociofiscales mises en œuvre entre 2017 et 2021 ont eu des effets très différents selon la place des ménages dans la distribution des niveaux de vie. De même, les créations d'emplois et les évolutions de salaires qui y sont associées ont pu déformer la distribution des salaires qui prévalait en 2017. Enfin, les études [France Stratégie, 2021] tendent à démontrer que la mise en place de la réforme de la fiscalité du capital a eu pour conséquence d'accroître la perception de revenus financiers des ménages du haut de la distribution des niveaux de vie.

Dès lors, notre objectif est de mesurer à quel point ces dynamiques ont pu, dans leur ensemble, modifier la distribution des niveaux de vie tout en étant cohérentes avec les évolutions macroéconomiques décrites en première partie. Pour ce faire,

---

4 Afin d'être cohérent avec la partie suivante, reposant sur les comptes nationaux distribués par dixième, nous approchons ici les évolutions de l'emploi par dixième et non par vingtième de niveau de vie.

5 Nous n'analysons ici que l'effet propre des créations d'emplois. Les questions relatives aux négociations salariales et aux augmentations de salaire ne sont ici pas traitées.

nous tentons de reconstituer le compte de revenu des ménages tel qu'il est défini par la comptabilité nationale, mais en répartissant les différents types de ressources et de prélèvements par décile de niveau de vie[6].

Une première étape consiste à reconstituer un compte de revenu des ménages par décile de niveau de vie pour 2017. Nous y parvenons en mobilisant d'une part les données de la comptabilité nationale et d'autre part les données de l'enquête Revenus fiscaux et sociaux de l'Insee pour cette même année ainsi que celles issues du modèle Ines.

Une seconde étape consiste à simuler, à partir des résultats explicités précédemment, un compte des ménages pour l'année 2021 :

– la distribution des salaires est modifiée en mobilisant nos résultats simulés de l'impact des créations d'emplois sur la masse salariale versée par décile de niveau de vie ;

– la distribution des revenus du capital est modifiée en mobilisant les données disponibles pour 2018 et intégrant donc la déformation de la structure de répartition de cette forme de revenu liée à la réforme de la fiscalité du capital ;

– la distribution des impôts sur le revenu et le patrimoine est modifiée afin de prendre en compte les effets des réformes mises en place au cours du quinquennat (impôt sur le revenu, prélèvement forfaitaire unique, impôt sur la fortune, taxe d'habitation, heures supplémentaires) ;

– la distribution des cotisations sociales est modifiée en intégrant les effets de la bascule CSG/cotisations ainsi que la désocialisation des heures supplémentaires ;

– la distribution des transferts monétaires est modifiée afin de prendre en compte les effets des réformes mises en place au cours du quinquennat (APL, RSA, prime d'activité, AAH, ASPA).

Cette méthodologie est à prendre avec prudence. Elle constitue une première étape dans l'intégration des évolutions macroéconomiques aux exercices traditionnels de microsimulation statique. En particulier, cette méthode ne tient pas compte des évolutions constatées dans les déterminants des salaires et du rendement du capital. Par ailleurs, il est nécessaire de mobiliser plus de variables pour décrire correctement les caracté-

6 Cette méthodologie s'approche de celle utilisée par l'Insee pour la construction des comptes distributionnels [Germain, 2021].

Tableau 2. **Contribution à l'évolution du revenu disponible réel par unité de consommation par composante et par dixième de niveau de vie entre 2017 et 2021**

En %

	D1	D2	D3	D4	D5
Revenus primaires élargis	0,5	0,4	0,6	– 0,2	– 0,3
Impôts sur les revenus et le patrimoine	**0,5**	**– 0,1**	**0,5**	**1,0**	**1,5**
Cotisations sociales	1,9	2,5	2,7	2,9	3,3
Transferts monétaires	**2,8**	**4,4**	**3,9**	**3,9**	**3,1**
Revenu disponible net	5,7	7,2	7,6	7,6	7,7

	D6	D7	D8	D9	D10
Revenus primaires élargis	– 0,5	– 0,5	– 0,6	– 1,0	2,0
Impôts sur les revenus et le patrimoine	**1,5**	**1,6**	**0,2**	**– 2,3**	**– 3,0**
Cotisations sociales	3,4	3,5	3,6	3,4	2,7
Transferts monétaires	**2,8**	**2,5**	**2,2**	**1,9**	**1,5**
Revenu disponible net	7,2	7,1	5,3	1,9	3,2

Sources : Comptabilité nationale ; ERFS 2017 et 2018 ; Ines, 2019.

ristiques des emplois créés depuis le début du quinquennat et les caractéristiques des individus ayant abandonné une situation de non-emploi.

Selon nos estimations[7], les 10 % des ménages les plus modestes ont vu leur revenu disponible soutenu par l'amélioration du marché du travail (hausse de l'emploi et des salaires) et par la baisse des cotisations sociales et la hausse des transferts monétaires (notamment les pensions de retraite) (tableau 2). Les ménages du milieu de la distribution, malgré une contribution négative des revenus primaires, ont quant à eux profiter de la baisse des impôts et des cotisations sociales ainsi que de l'augmentation des transferts monétaires. Nous estimons que ces ménages sont ceux ayant connu la plus forte augmentation du pouvoir d'achat sur la période.

7 La répartition en dixièmes de niveau de vie des impôts, des cotisations sociales et des transferts monétaires ne tient compte que de l'effet des réformes législatives sociofiscales. La répartition des différents items n'est pas concernée par les évolutions des assiettes sociofiscales.

En euros par unité de consommation, la plus forte concentration des revenus du patrimoine dans le haut de la distribution, observée à la suite de la réforme de la fiscalité du capital, a largement soutenu le niveau de vie réel des ménages appartenant au dernier dixième de la distribution. En bas de la distribution, malgré un gain moyen important en proportion du niveau de vie, les ménages du premier dixième auraient vu, selon nos estimations, leur pouvoir d'achat ne s'accroître que de 600 euros par unité de consommation sur l'ensemble du quinquennat, soit un montant quatre fois inférieur au gain enregistré par le dernier dixième de niveau de vie.

Repères bibliographiques

André M. et Sicsic M. [2020], « Évaluation des effets redistributifs des réformes socio-fiscales : comment s'y retrouver ? », *Blog de l'Insee*, 3 décembre.

Bourguignon F. et Landais C. [2022], « Micro-simuler l'impact des politiques publiques sur les ménages : pourquoi, comment et lesquelles ? », *Note du Conseil d'analyse économique*, n° 74.

France Stratégie [2021], *Rapport du comité d'évaluation des réformes de la fiscalité du capital*, octobre.

Germain J.-M. (dir.) [2021], *Rapport du groupe d'experts sur la mesure des inégalités et de la redistribution*, *Insee Méthodes*, n° 138, février.

Madec P., Plane M. et Sampognaro R. [2022], « Une analyse macro et microéconomique du pouvoir d'achat. Bilan du quinquennat mis en perspective », *Policy Brief de l'OFCE*, n° 104, 17 mars.

2 / Le marché du travail au cours du dernier quinquennat

Magali Dauvin et Éric Heyer

Au cours d'un quinquennat bousculé par les crises sociales (mouvement des « Gilets jaunes » en octobre 2018 et mouvement contre la réforme des retraites entre décembre 2019 et février 2020), sanitaire (pandémie de la Covid-19 déclarée le 11 mars 2020 et débouchant sur une crise économique de grande ampleur) et géopolitique (depuis le 24 février 2022 avec la guerre en Ukraine), la situation du marché du travail en France semble s'être pourtant améliorée durant toute cette période. Le taux de chômage a retrouvé son niveau d'avant la crise financière de 2008, le nombre d'emplois dans le secteur marchand n'a jamais été aussi élevé, et le nombre d'entreprises déclarant être contraintes dans leur activité du fait d'une pénurie de main-d'œuvre a dépassé fin 2021 le point haut connu avant la crise.

Une baisse du chômage vertueuse en France

En s'établissant à 7,4 % de la population active mi-2022, le taux de chômage en France au sens du Bureau international du travail (BIT) a retrouvé, près de quinze ans après, son niveau observé avant la « Grande Récession » de 2008. Commencée au milieu de l'année 2015, la baisse du taux de chômage s'est poursuivie pendant le quinquennat d'Emmanuel Macron, et a atteint 2,1 points, dont 0,8 depuis le début de la crise sanitaire. Le nombre de chômeurs au sens du BIT s'élève mi-2022 à 2,3 millions, soit 583 000 de moins qu'au début

Graphique 1. **Nombre de demandeurs d'emploi inscrits à Pôle emploi et de chômeurs au sens du BIT**

En milliers

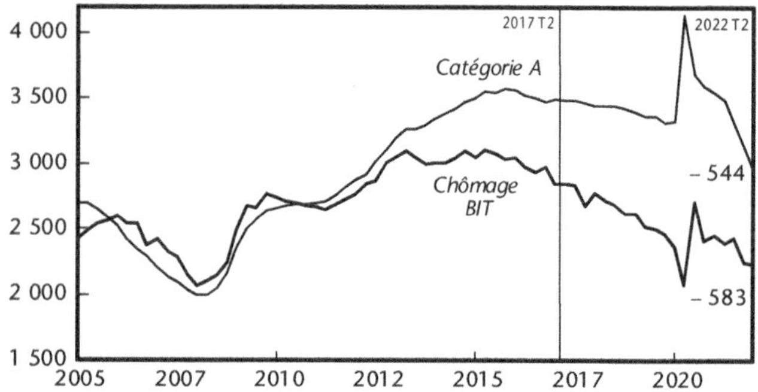

Notes : données mensuelles trimestrialisées CVS-CJO pour les demandeurs d'emploi et données trimestrielles CVS pour le chômage au sens du BIT.

Sources : Dares-Pôle emploi ; Insee, enquête Emploi.

du mandat du président et 195 000 de moins par rapport au niveau d'avant la crise de la Covid-19 (graphique 1).

Cette amélioration sur le front du chômage se retrouve dans les données de Pôle emploi. Entre mi-2017 et mi-2022, le nombre d'inscriptions de demandeurs d'emploi en fin de mois (DEFM) en catégorie A — c'est-à-dire sans activité — a baissé de 544 000 en moyenne trimestrielle et s'établissait à 2,9 millions au mois de juin 2022 (soit le même niveau que mi-2012). En intégrant l'activité réduite (catégories B et C), cette baisse persiste, quoique légèrement inférieure (401 000), pour un niveau de près de 5,1 millions de demandeurs d'emploi mi-2022. À l'instar de l'observation faite à partir des données du BIT, la baisse des DEFM est également observable deux ans après la crise de la Covid-19 (- 374 000 en catégorie A et - 312 000 en catégories A, B, C).

Si la baisse du taux de chômage indique une amélioration sur le marché du travail au cours du quinquennat, il convient d'élargir la définition du chômage, en intégrant les personnes en

Graphique 2. **Contraintes sur l'offre de travail**

En % de la population active élargie

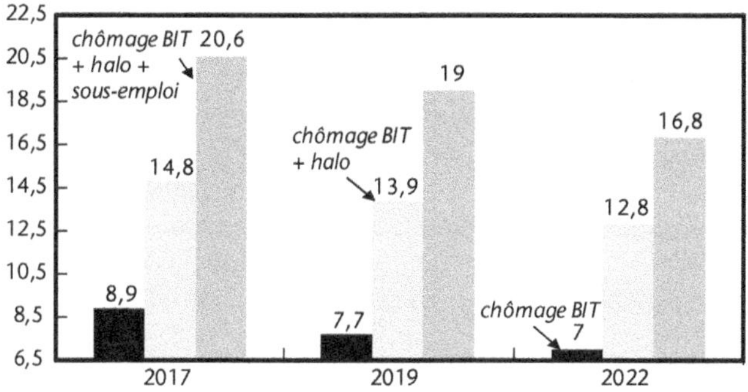

Sources : Insee ; enquête Emploi.

sous-emploi et celles composant le halo du chômage[1]. Dans cette vision élargie, toutes les contraintes d'offre de travail[2] ont diminué depuis le début du quinquennat sans que la crise inverse la tendance (graphique 2).

Durant le quinquennat, 16 000 personnes supplémentaires se sont retrouvées dans le halo du chômage, mais la part des personnes composant le halo du chômage est restée stable dans la population des 15-64 (4,5 %). En revanche, on observe un mouvement des jeunes vers le halo — 6,5 % des jeunes se trouvent dans le halo du chômage à la fin de l'année 2021 contre 5,8 mi-2017 —, les jeunes femmes étant relativement plus représentées (près de 4/5e de l'augmentation). Au total, ce sont près de 78 000 jeunes supplémentaires se trouvant dans le halo du chômage. Chez les hommes, les jeunes sont également davan-

1 Selon la définition de l'Insee, est dans le halo du chômage toute personne sans emploi qui soit a recherché un emploi mais n'est pas disponible pour travailler, soit n'a pas recherché d'emploi mais souhaite travailler et est disponible pour travailler, soit souhaite travailler mais n'a pas recherché un emploi et n'est pas disponible pour travailler.

2 Celles-ci sont exprimées en points de pourcentage de la population active élargie (personnes actives en emploi, au chômage au sens du BIT et inactives dans le halo du chômage).

tage représentés tandis que les autres classes d'âge y sont moins nombreuses.

À l'inverse, le nombre de personnes en situation de sous-emploi a diminué sur la période, en particulier chez les femmes, les plus concernées, où il a diminué de près du tiers. Le sous-emploi, par l'incorporation dans sa mesure du chômage technique et partiel, a connu un bond au deuxième trimestre 2020 et est resté élevé jusqu'à la fin de l'année 2020 avant de diminuer.

L'amélioration sur le front du chômage depuis la mi-2017 décrite précédemment est vertueuse au sens où celle-ci est le résultat d'une hausse de l'emploi en France, conjointe à celle de la population active, la première étant de fait plus importante que la seconde. En Europe, une telle dynamique a été observée en Espagne tandis que c'est l'inverse en Italie et en Allemagne.

Une amélioration de l'emploi en France pour toutes les catégories…

Entre mi-2017 et mi-2022, l'emploi augmente de 6,3 %, cela représente 1,7 million de personnes supplémentaires en emploi. Ce dynamisme repose sur l'emploi salarié (+ 5,5 %) contribuant à hauteur de près de 5 points à la hausse de l'emploi total, soit plus d'un million de personnes exerçant une activité salariée. C'est particulièrement le cas dans le secteur privé, l'emploi salarié public ayant quant à lui montré un dynamisme moindre (+ 0,8 % entre mi-2017 et juin 2022, contre + 7,4 % dans le privé[3]). Une partie de la hausse est à attribuer à la réforme de l'apprentissage mise en œuvre en 2018 ainsi qu'à la prime exceptionnelle versée pour l'embauche de tout apprenti depuis juillet 2020 [Bock *et al.*, 2022]. L'activité non salariée a également progressé (+ 13,1 %), soit plus de 377 000 personnes. Avant la crise de la Covid-19, aucune destruction d'emploi n'était observée sauf dans le secteur des services aux ménages, tandis que les effectifs étaient relativement atones dans l'agriculture et la cokéfaction et raffinage. La crise a rebattu les cartes, en particulier dans l'industrie manufacturière puisque des destructions d'em-

3 Source : Insee, estimation d'emploi 2021 T4 (9 mars 2022).

plois ont été opérées durant le quinquennat dans la cokéfaction et raffinage, les matériels de transport et les biens d'équipement.

Le taux de recours à l'intérim est resté stable sur la période (3 % des salariés mi-2022) ; il a toutefois diminué dans l'industrie, la construction et quelques secteurs de services (information et communication, services financiers et immobiliers) alors qu'il a augmenté dans les autres secteurs de l'économie.

Mi-2022, le taux d'emploi des 15-64 ans a augmenté de 2,4 points sur cinq ans pour atteindre ainsi 68 %, son plus haut niveau jamais observé depuis que l'enquête Emploi menée par l'Insee existe. La hausse du taux d'emploi est plus importante chez les femmes (+ 2,7 points) que chez les hommes (+ 2,1 points). Elle concerne toutes les tranches d'âge, surtout les jeunes et les personnes de 55 à 64 ans. Le taux d'emploi des jeunes est à son plus haut depuis 2003, il est de 6 points supérieur à son niveau de mi-2017 et se hisse à 34,9 % de la population âgée de 15 à 24 ans. Cette dynamique favorable, observée en majeure partie à partir du second semestre 2021, est certainement due aux mesures prises concernant l'apprentissage [Bock *et al.*, 2022].

Le taux d'activité des 55-64 ans suit sa tendance haussière historique du fait des différentes réformes des retraites ; il a augmenté de 4 points en cinq ans. Il s'établit désormais à 60 % de cette population. L'emploi dans cette catégorie d'âge ayant absorbé l'augmentation des actifs — le taux d'emploi ayant augmenté de 4,1 points —, le taux de chômage reste quasiment stable sur la période. Celui-ci passe de 3,6 % à 3,5 % de la population des 55-64 ans.

… et meilleure qu'anticipée au cours de la crise de la Covid-19

En France, à la suite des mesures prophylactiques prises au deuxième trimestre 2020, la productivité par tête du travail a fortement chuté du fait d'un arrêt de l'activité qui ne s'est pas traduit par des destructions d'emplois de même ampleur.

En effet, au cours de ce trimestre, la valeur ajoutée a chuté de 18 % alors que l'emploi salarié n'a baissé que de 3 %. Cette relative bonne performance est principalement due à un ajustement de la durée de travail important permis par le dispositif d'activité partielle, ajustement s'étant établi à 20 % de la durée d'avant-crise (graphique 3).

Graphique 3. **Productivités apparentes du travail et durée du travail**

En % d'écart au 2019 T4

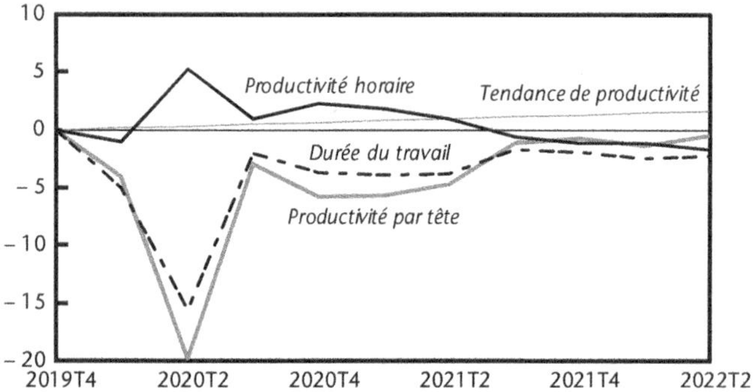

Notes : Champs, emploi total.

Sources : Comptes trimestriels ; Insee ; Ducoudré et Heyer [2017].

Conséquence de cela, la productivité horaire apparente du travail a augmenté au deuxième trimestre 2020. La levée progressive et partielle des restrictions a vu la durée du travail retourner vers son niveau précrise sans toutefois l'atteindre mi-2022 ; elle demeure 1,7 point en deçà de son niveau fin 2019. Finalement, les productivités par tête et horaire sont en deçà de la tendance dix trimestres après le choc.

À la fin de l'année 2020, tous les secteurs sauf un — celui de l'« énergie, eau, déchets » (DE) — ont sauvegardé l'emploi au regard d'un scénario contrefactuel, défini comme une situation où l'emploi aurait évolué selon l'activité, la tendance de productivité et à coût du travail inchangé. Ce maintien des effectifs salariés a été permis par un fort ajustement de la durée du travail. Ainsi, les secteurs le plus touchés par les différents confinements en 2020 (hôtellerie-restauration, autres services aux ménages, services de transport et entreposage, matériels de transport) sont parvenus à réduire l'effet sur l'emploi salarié en recourant massivement au chômage partiel, en diminuant parfois de 60 % les heures travaillées, comme dans l'hôtellerie-restauration.

Graphique 4. **Évolutions simulées et réalisées des heures travaillées en France depuis 2019 au deuxième trimestre 2022**

En % d'écart au 2019 T4

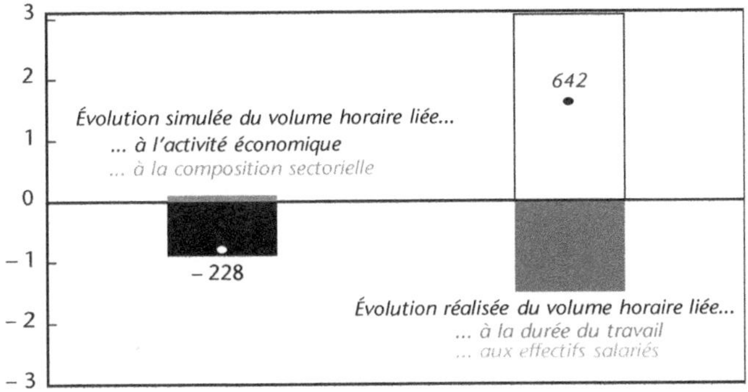

Lecture du graphique : selon nos simulations, les heures totales travaillées par les salariés français mi-2022 auraient dû être inférieures de 0,8 % par rapport à leur niveau en fin d'année 2019 (– 229 + 1 = – 228). On constate que le volume horaire a en réalité augmenté de 2,5 % par rapport à l'avant-crise (soit 642 000 emplois à durée du travail inchangée). Cela a été permis en partie par une baisse de la durée du travail (139 000 salariés, barre gris foncé).

Sources : Comptes trimestriels ; Insee ; Dares ; Ducoudré et Heyer [2017], calculs OFCE.

Deux ans plus tard et avec un retour incomplet de la durée du travail à son niveau de fin 2019 (toujours en deçà de 0,5 % par rapport à leur niveau d'avant-crise), les secteurs ont su profiter du dispositif d'activité partielle pour maintenir tant que possible l'emploi. La productivité par tête apparente du travail demeure en deçà de sa tendance d'avant-crise globalement dans l'économie et dans une majorité de secteurs. Elle est toutefois quasiment revenue à sa tendance dans trois secteurs : les services non marchands (OQ), les services aux ménages (RU) et l'hébergement et la restauration (IZ), et se situe au-dessus dans le secteur du transport et entreposage (HZ) et celui des services immobiliers (KZ).

Compte tenu du niveau d'activité mi-2022 (par rapport à son niveau d'avant-crise) et de la tendance de productivité, le volume total d'heures travaillées par les salariés aurait dû être encore

Tableau 1. **Emplois sauvegardés par la baisse de la durée du travail et rétention d'emplois au cours de la crise**

En milliers d'emplois

	Évolution
Emploi sauvegardé grâce à l'ajustement de la durée depuis 2019	139
Effet des politiques de baisse du coût du travail	280
Évaluation de la rétention d'emplois	590

Sources : Insee ; calculs OFCE.

largement inférieur au quatrième trimestre 2019 (graphique 4, somme des barres noir) en France. Compte tenu des secteurs les plus touchés qui ont un niveau de productivité relativement plus faible que celui des autres secteurs, un effet additionnel entre en jeu, celui d'un « effet de composition sectoriel » (graphique 4, barre gris clair).

La chute du volume horaire travaillé décrite par les comptes nationaux apparaît aujourd'hui moins forte que ce que pouvaient laisser entendre nos outils. En premier lieu, le dispositif de chômage partiel mis en place en France a permis de protéger les salariés en faisant porter en grande partie l'ajustement sur les heures travaillées plutôt que sur le niveau d'emploi. L'ajustement de la durée du travail en France, correspondant à 139 000 salariés, s'est également accompagné de créations d'emplois d'environ 781 000 par rapport à fin 2019. En second lieu, il ressort de notre analyse un ajustement incomplet du volume horaire deux ans après le début de la crise sanitaire. L'écart entre le volume horaire travaillé et celui prévu équivaut à une rétention de main-d'œuvre de 870 000 salariés. En prenant en compte la hausse de l'emploi engendrée par la politique de baisse du coût du travail (apprentissage), évaluée à 280 000 salariés en juin 2022, la rétention n'est plus que de 590 000 salariés.

Plusieurs pistes peuvent expliquer un tel niveau de rétention. Tout d'abord, les aides distribuées aux entreprises depuis la crise de la Covid-19 ont pu maintenir artificiellement certaines d'entre elles en activité (« entreprises zombies ») alors même qu'elles auraient dû faire faillite. Ce phénomène, qui s'observe notamment dans la moindre défaillance du nombre d'entreprises en 2020 et 2021 par rapport aux années précédentes, peut expliquer une partie de cette baisse de productivité du travail.

Ensuite, la baisse de la productivité observée peut s'expliquer par le comportement des entreprises. En particulier, l'application des mesures prophylactiques a pu nécessiter davantage d'heures travaillées relativement au niveau d'activité. Le télétravail contraint depuis deux années peut également avoir érodé la productivité. La hausse du taux d'absence engendrée par celle du taux d'incidence ou par la fermeture des écoles peut également expliquer cette rétention. Par ailleurs, pendant cette crise, les aides aux entreprises étant liées au niveau de leur masse salariale, cela a pu les inciter à déclarer du travail dissimulé occulte, au moins en partie.

Enfin, l'anticipation d'une reprise illustrée par des carnets de commandes fournis tendrait à inciter les employeurs à conserver leurs effectifs afin d'éviter les coûts liés à la recherche de nouveaux candidats une fois les problèmes d'approvisionnement réglés. Ce comportement peut se trouver exacerbé dans un contexte où le nombre d'entreprises déclarant souffrir de pénuries de main-d'œuvre a retrouvé son niveau haut de 2019, quand il ne l'a pas encore dépassé.

S'il est encore trop tôt pour évaluer précisément l'incidence de ces différentes pistes sur le comportement passé des entreprises en matière d'emploi, il nous semble en revanche très probable que, dans un futur proche, les entreprises tenteront de regagner une partie des pertes observées de productivité, rendant alors la croissance à venir moins riche en emplois et la baisse du chômage plus hypothétique.

Repères bibliographiques

Bock S., Coquet B., Dauvin M. et Heyer É. [2022], « Le marché du travail au cours du dernier quinquennat », *Policy Brief de l'OFCE*, n° 103, 17 mars.

Ducoudré B. et Heyer É. [2017], «Quel nouveau sentier de croissance de la productivité du travail ?», *Revue de l'OFCE*, n° 152.

3 / Quelle trajectoire pour l'économie française au cours du prochain quinquennat ?

Éric Heyer, Xavier Timbeau et Mathieu Plane

L'objectif de ce chapitre est de fournir un cadrage macroéconomique pour les cinq prochaines années sur la base du programme présidentiel d'Emmanuel Macron et pour les mesures proposées par le gouvernement dans le cadre de la loi portant mesures d'urgence pour la protection du pouvoir d'achat (août 2022). La majorité relative des députés soutenant le gouvernement à l'Assemblée nationale nous conduit à faire des hypothèses sur l'agenda des réformes et leur contenu.

Les aléas internationaux sont importants et vont conditionner les évolutions macroéconomiques au cours du prochain quinquennat. Cela nécessite de faire des hypothèses implicites sur l'évolution de la guerre en Ukraine et les conséquences sur les prix de l'énergie et les approvisionnements en hydrocarbures, sur la gestion des vagues épidémiques au niveau international et leurs conséquences sur les approvisionnements à moyen terme, la remontée des taux d'intérêt et la stabilité financière dans la zone euro, etc.

Le cadrage macroéconomique pour la période 2022-2027 repose à la fois sur des éléments de long terme mesurés par le PIB potentiel et sur d'autres de plus court terme qui vont affecter la croissance, à travers les différents chocs que subit l'économie française, et les réponses budgétaires pour y faire face. Dans un premier temps, nous analysons les déterminants structurels de la croissance potentielle au cours de cette période avant d'en expliciter le contexte économique et de prévoir la trajectoire de l'économie française à l'horizon 2027.

Quelle évolution de la croissance potentielle à l'horizon 2027 ?

L'évolution de la croissance potentielle est la combinaison de plusieurs facteurs, les deux premiers étant les gains à long terme de la productivité apparente du travail[1] et l'évolution de la population active tendancielle. À cela viennent s'ajouter des mesures structurelles, comme la réforme des retraites, ou celles destinées à améliorer le fonctionnement du marché du travail, visant à un meilleur appariement entre l'offre et la demande de travail, et réduisant ainsi le taux de chômage structurel (politique de formation, réformes sur le marché du travail...), et les mesures fiscales pérennes, favorisant l'offre, l'attractivité et la compétitivité du tissu productif (baisse de l'impôt sur les sociétés et des impôts de production). Enfin, la crise de la Covid-19 a eu des effets négatifs sur l'accumulation de capital productif en 2020 et 2021, en partie résorbés par les mesures de relance et de soutien à l'investissement. À plus long terme, l'investissement dans les filières stratégiques de « France 2030 » devrait soutenir la croissance potentielle de l'économie française (graphique 1).

La croissance potentielle de la France serait de 1,2 % en 2022 puis augmenterait transitoirement à 1,4 % en 2023 et 2024, grâce à l'impact de la réforme des retraites sur la population active. Sous l'hypothèse d'un relèvement de l'âge d'ouverture des droits de 62 ans à 65 ans, au rythme de quatre mois chaque année à partir de 2023, l'effet attendu sur la population active serait de + 0,3 % par an, venant gonfler la croissance potentielle d'autant.

La croissance potentielle ralentirait progressivement à 1,3 % sur la période 2025-2027, en raison de l'affaiblissement des effets des politiques d'offre passées. Il est par ailleurs important de noter que les nouvelles projections de population active publiées en juillet 2022 [Bechichi *et al.*, 2022], qui sont réalisées sur la base de la législation en cours, conduisent à réviser à la baisse la croissance potentielle de + 0,2 % par an en moyenne sur la période 2022-2027 par rapport aux anciennes projections. En effet, les nouvelles projections de population active indiquent une quasi-stagnation du nombre d'actifs sur la période

1 Nous avons évalué les gains de productivité tendanciels à 0,85 % par an sur le passé récent et nous les maintenons constants en prévision. Pour plus de détails, se référer à Ducoudré et Heyer [2017].

Graphique 1. **Taux de croissance du PIB potentiel et ses composantes**

En points de %

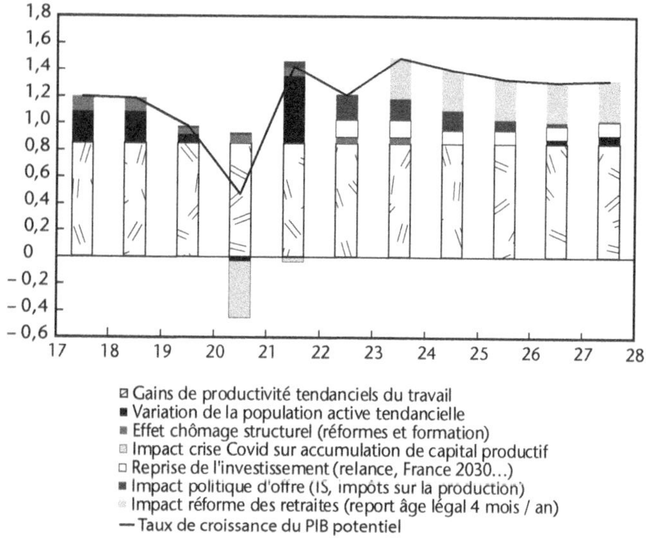

Sources : Insee ; calculs OFCE.

2022-2027 alors que les anciennes projections de 2017 [Koubi et Marrakchi, 2017] anticipaient une hausse de la population active de 0,2 % par an sur la même période.

Quel contexte économique à l'horizon 2027 ?

Dans notre publication du mois de juin 2022 [Heyer et Timbeau, 2022b], nous avions significativement révisé à la baisse nos prévisions de croissance du PIB de l'économie française en 2022, l'établissant à 2,4 % contre 4,1 % prévu à l'automne 2021 [Heyer et Timbeau, 2021]. Pour rappel, cette révision tient compte de l'apparition de nouveaux chocs en début d'année 2022, à commencer par la vague Omicron et les difficultés d'approvisionnement, entretenues par la stratégie « zéro-Covid » de la Chine, qui réduisent la prévision de PIB de 0,4 % en 2022. À cela s'ajoutent l'incertitude et les tensions géopolitiques liées au conflit ukrainien dont les effets sont quantifiés à – 0,5 % du PIB en 2022. Quant au choc énergétique, il doit réduire la croissance française de 1,3 % en 2022 sur la base d'une stabilité des prix de l'énergie à des niveaux comparables en moyenne à ceux des derniers mois (soit 110 dollars le baril de Brent et 100 euros le MWH sur gaz TTF). Mais le plan de résilience et les mesures contenues dans le projet de loi pouvoir d'achat doivent permettre selon nous de réduire ce choc de 0,8 point de PIB.

Au-delà de 2022, plusieurs questions se posent sur la dynamique d'activité, les premières concernant l'évolution des chocs internationaux et leur impact sur la croissance française ainsi que les réponses budgétaires pour y faire face.

Dans notre cadrage de moyen terme, nous faisons quatre hypothèses :

— la première concerne l'évolution de la guerre en Ukraine et les prix de l'énergie. Nous faisons l'hypothèse que les prix de l'énergie se stabilisent à leur prix actuel[2], ce qui va conduire à des effets négatifs sur le PIB au-delà de 2022, notamment avec la réduction progressive des mesures pour lutter contre leur hausse et la volonté du gouvernement de cibler les aides. Nous supposons que ces mesures budgétaires (bouclier tarifaire sur le gaz et l'électricité, remise de 18 centimes par litre de carburant, aide carburant aux ménages et aux entreprises…), qui représentent 1 point de PIB en 2022, seraient divisées par deux chaque année à partir de 2023 et ainsi de suite jusqu'à leur extinction en 2027. Par ailleurs, l'accélération des investissements dans des énergies alternatives et une plus grande sobriété énergétique conduiraient à accélérer la réduction de notre consommation d'hydrocarbures, diminuant ainsi le choc sur le PIB[3] (graphique 2) ;

2 Une évolution très différente des prix de l'énergie à la hausse comme à la baisse conduirait à réviser notre scénario de moyen terme. Et une rupture d'approvisionnement sur le gaz russe nécessitant des plans de contingentement pour organiser la gestion de la pénurie d'énergie modifierait également la trajectoire de court et moyen termes de l'économie française.

3 Nous avons considéré de façon *ad hoc* que la situation exceptionnelle conduisait à une amplification de l'élasticité de substitution habituelle, l'augmentant de 5 % en plus par an avec une montée en charge linéaire. L'élasticité habituelle de la consommation des ménages au prix de l'énergie issue du modèle ThreeMe à partir duquel nous avons réalisé les variantes énergie est de 0,5 à long terme. Elle est de 0,2 pour les consommations intermédiaires des entreprises. Pour plus de détails, voir Reynes *et al.* [2021].

Graphique 2. **Impact du choc énergie sur le PIB et la croissance du PIB**

En % du PIB

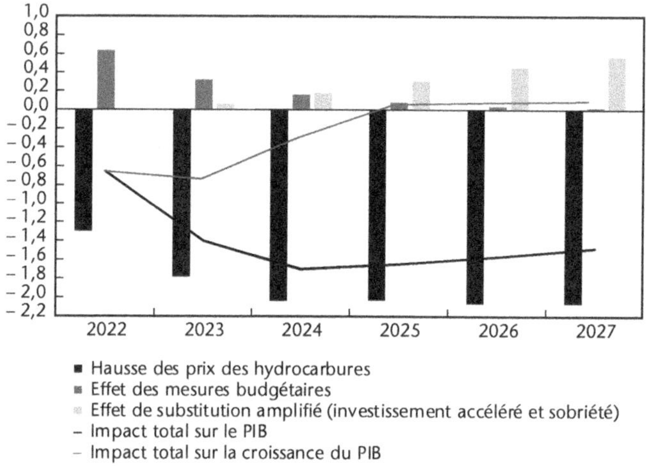

Sources : Insee ; calculs OFCE.

— la deuxième hypothèse concerne l'incertitude géopolitique. Dans une étude récente, Caldara et Iacoviello [2022] ont développé un indice permettant de mesurer en temps réel le risque géopolitique. Leur méthode permet de mesurer l'ampleur des tensions au niveau global et d'identifier les pays subissant des menaces ou des actes hostiles [Heyer et Timbeau, 2022a] . Sans surprise, l'indice de risque géopolitique calculé par les auteurs pointe une nette résurgence de ce risque au niveau global avec la guerre en Ukraine. Après une forte hausse en février-mars, cet indice a nettement décru en avril mais n'est pas revenu à son niveau d'avant-guerre[4]. Nous supposons ici que cet indice restera durablement à son niveau d'avril. Dans ce contexte, la croissance française serait amputée respectivement de 0,5 et 0,3 point de PIB en 2022 et 2023 ;

4 Une hypothèse de forte détente ou au contraire d'une nette recrue des tensions géopolitiques au cours du quinquennat modifierait également la trajectoire de moyen terme.

— la troisième hypothèse concerne l'évolution de l'épidémie au niveau mondial et son impact sur les chaînes de production. Sur la base d'un retour progressif à la normale d'ici à la fin de l'année, la croissance française serait amputée de 0,3 point de PIB en 2022 mais ne serait pas impactée au-delà [Heyer et Timbeau, 2022a].

— enfin, la dernière hypothèse concerne les réponses budgétaires qui sont détaillées dans une partie dédiée. Elles tiennent notamment compte des évolutions possibles des mesures pour faire face aux prix de l'énergie et des principales mesures fiscales et budgétaires proposées par Emmanuel Macron pendant la campagne présidentielle.

Quelle trajectoire de croissance à l'horizon 2027 ?

À partir de la trajectoire du PIB potentiel et de l'analyse des différents chocs attendus et des politiques budgétaires qui seraient menées, la croissance du PIB ralentirait à 1 % en 2023 (après 2,4 % en 2022), puis se redresserait à 1,6 % en 2024 et augmenterait à 1,9 % sur la période 2025-27, le PIB convergeant progressivement vers son potentiel (graphique 3).

Dans ce contexte, le taux de chômage remonterait à 8 % en 2023 et 2024 (après 7,3 % en 2022), avant de refluer progressivement à 7,5 % en 2027, significativement supérieur à sa valeur de plein emploi (tableau 1). Cette trajectoire repose également sur l'hypothèse d'une fermeture du cycle de productivité d'ici à la fin du quinquennat [Dauvin et Heyer, 2022] , ce qui conduirait à diminuer le contenu en emplois de la croissance de 2023 à 2027. La réforme des retraites augmenterait l'emploi des seniors de l'ordre de 240 000 et le chômage de l'ordre de 215 000 d'ici à 2027. Enfin, après avoir atteint 5,3 % en moyenne en 2022, l'inflation s'établirait à 4,1 % en 2023, pour converger vers 2 % à partir de 2024.

Le déficit public se réduirait mais reviendrait à seulement 3,7 % du PIB en 2027

Le cadrage budgétaire repose sur plusieurs éléments :

— l'évolution des mesures budgétaires hors mesures nouvelles : suppression totale de la taxe d'habitation d'ici à 2023, effets budgétaires de certaines mesures issues du plan de relance et déploiement du plan d'investissement « France 2030 » ;

Graphique 3. **Évolution du PIB et de son potentiel**

En milliards d'euros constants

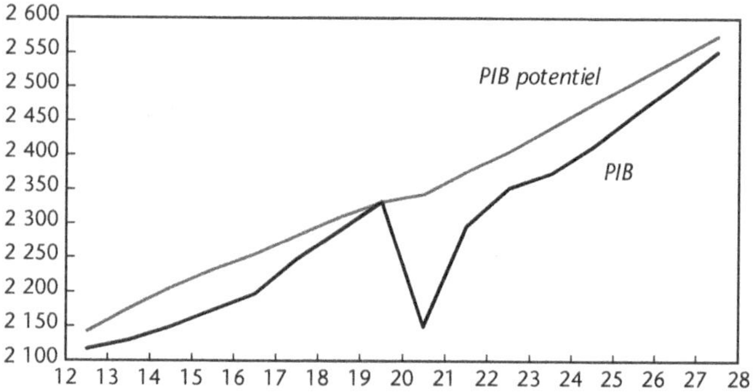

Sources : Insee ; calculs OFCE.

Tableau 1. **Évolution des principaux agrégats macroéconomiques**

En %

	2022	2023	2024	2025	2026	2027
PIB potentiel	1,2	1,5	1,4	1,3	1,3	1,3
PIB	**2,4**	**1,0**	**1,6**	**1,9**	**1,9**	**1,9**
Emploi	1,9	– 0,4	0,3	0,5	0,5	0,5
Taux de chômage (pop. active)	**7,3**	**8,0**	**8,0**	**7,8**	**7,6**	**7,5**
Inflation (IPC)	5,3	4,1	2,1	2,0	2,0	2,0
Taux OAT 10 ans	1,9	2,8	2,9	3,0	3,0	3,1

Sources : Insee ; calculs OFCE.

— les nouvelles mesures pour répondre à la crise énergétique et celles contenues dans le projet de loi pouvoir d'achat. Pour les aides propres à l'énergie, nous faisons l'hypothèse de leur extinction progressive à l'horizon 2027 (sur la base d'une division par deux chaque année de ces aides par rapport à l'année précédente) ;

— enfin, les mesures dites structurelles contenues dans le programme présidentiel, avec notamment la suppression de la

Tableau 2. **Décomposition du solde public et dette publique**

En % du PIB

	2021	2022	2023	2024	2025	2026	2027
Solde public (= a + b + c - d)	**– 6,4**	**– 5,5**	**– 4,6**	**– 4,5**	**– 4,2**	**– 4,0**	**– 3,7**
Solde public primaire hors mesures temporaires et effet d'activité (a)	– 2,0	– 2,5	– 2,8	– 2,7	– 2,6	– 2,6	– 2,5
Charges d'intérêts (d)	1,4	1,6	1,6	1,7	1,9	2,0	2,2
Mesures d'urgence / relance / énergie / pouvoir d'achat* (b)	– 3,9	– 2,6	– 1,0	8,0	7,8	7,6	7,5
Effet d'activité (y compris effet d'élasticité) (c)	0,2	0,8	0,5	0,6	0,8	0,9	1,1
Fonds du plan de relance européen	0,7	0,4	0,4	0,0	0,0	0,0	0,0
Dette publique	**112,5**	**112,5**	**112,5**	**113,1**	**113,1**	**112,8**	**112,3**

* Hors baisse d'impôts à la production, indexation accélérée, suppression de la redevance, baisse des cotisations indépendantes.

Sources : documents budgétaires ; prévisions OFCE.

cotisation sur la valeur ajoutée des entreprises (CVAE) et de la contribution à l'audiovisuel public dès 2023. Par ailleurs, les nouvelles dépenses attendues (santé, éducation…) seraient compensées par des économies sur les retraites et l'assurance chômage mais aussi sur les dépenses de fonctionnement (État, Sécurité sociale et collectivités locales) ainsi que par des recettes supplémentaires issues de la fraude fiscale et de l'impôt mondial sur les sociétés d'ici à 2027. Au total, le déficit public primaire hors mesures exceptionnelles (qui contient également des mesures structurelles issues de la loi pouvoir d'achat et rectificative, comme la revalorisation des prestations et de l'indice de la fonction publique au-delà de la hausse des prix du PIB) va se creuser en 2023 avant de se réduire progressivement au cours du quinquennat pour revenir en 2027 à son niveau de 2022.

Selon notre cadrage macroéconomique, le déficit public atteindrait 5,5 % du PIB en 2022 (après 6,4 % en 2021). Au-delà, le déficit se réduirait lentement pour s'établir à 3,7 % en 2027, sous l'effet principalement de la diminution du soutien budgétaire à l'économie, en particulier en 2023 et 2024, avec l'extinction des mesures d'urgence sanitaire et la réduction de celles liées à la crise énergétique (tableau 2). La réduction de l'écart de production (*output gap*) entre 2023 et 2027 permettrait d'améliorer le déficit public conjoncturel. Ces deux facteurs pourraient réduire le déficit public de près de 3 points de PIB entre 2022 et 2027 malgré la hausse des charges d'intérêts de 0,6 point de PIB annuel entre le début et la fin du quinquennat (avec des taux sur les OAT à dix ans proche de 3 % dès 2023, ce qui correspond à la croissance potentielle nominale de l'économie française) (graphique 4).

Dans ce contexte, la dette publique serait stable, passant de 112 % du PIB en 2022 à 113 % en 2024, avant de baisser légèrement vers 112 % du PIB en 2027. Cette trajectoire n'intègre pas d'éléments exceptionnels, comme la recapitalisation d'EDF par exemple.

Le cadrage macroéconomique prévu pour les cinq prochaines années repose à la fois sur les fondamentaux de l'économie française, les mesures budgétaires prévues (transitoires et pérennes) et les évolutions internationales. Or les incertitudes et aléas, notamment géopolitiques, sont particulièrement forts pour les cinq prochaines années, et des événements non anticipés de grande ampleur amèneraient à réviser la trajectoire à moyen terme. Par ailleurs, nous supposons implicitement une stabilité de la zone euro malgré la remontée attendue des taux et nous écartons du scénario central des événements financiers majeurs qui entraîneraient des répercussions sur la croissance.

Graphique 4. **Évolution des grands agrégats économiques au cours du prochain quinquennat**

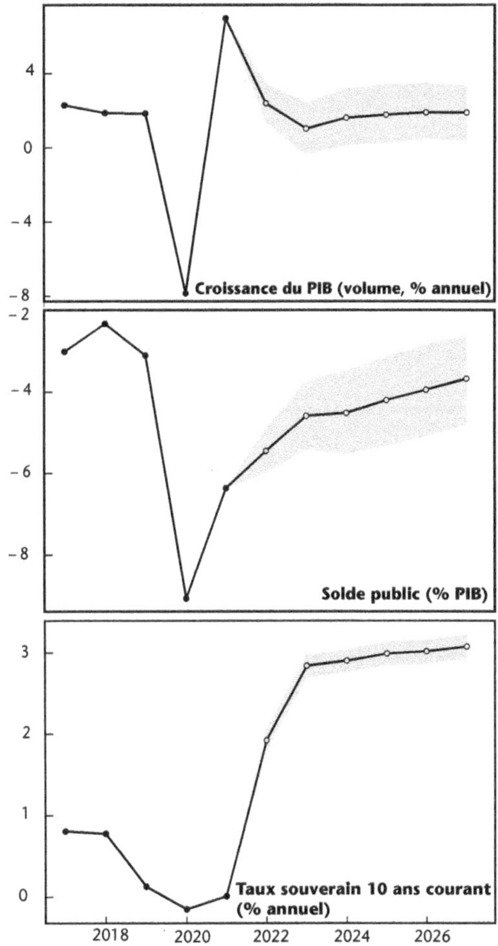

Graphique 4. **(suite)**

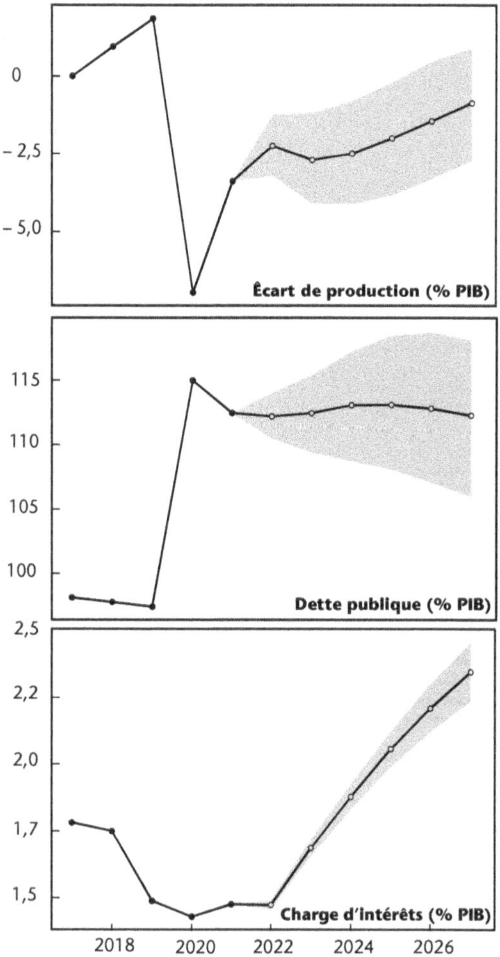

Graphique 4. **(suite)**

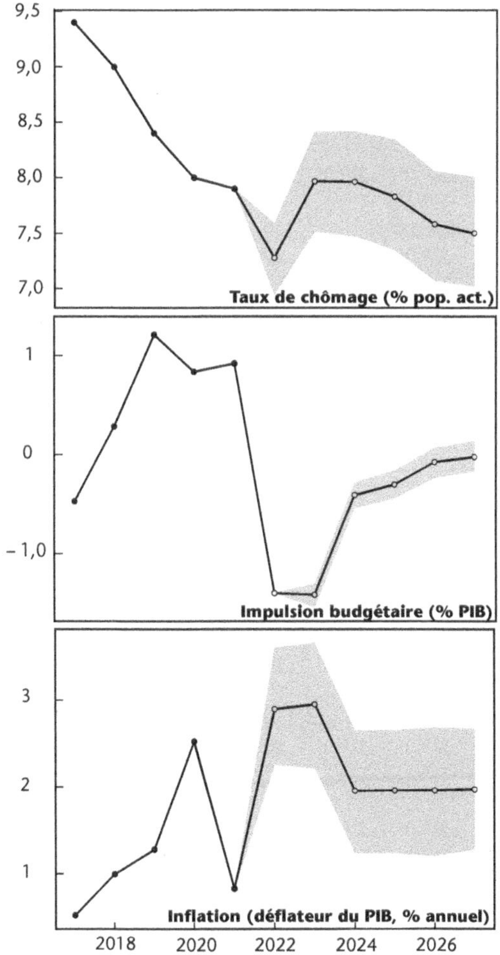

Note de lecture : pour 2017-2021, nous reprenons les données d'AMECO du printemps 2022. Pour les années 2022-2027, nous associons à notre projection un intervalle de confiance simulée à l'aide de la méthode de Monte-Carlo.

Sources : AMECO, Debtwatch v1.1 [Timbeau *et al.*, 2021], prévisions et calculs des auteurs.

Repères bibliographiques

Bechichi N., Fabre M. et Olivia T. [2022], « Projections de la population active à l'horizon 2080 », *Document de travail de l'Insee*, n° 2022-06.

Caldara D. et Iacoviello M. [2022], « Measuring geopolitical risk », *American Economic Review*, vol. 112, n° 4, p. 1194-1225.

Dauvin M. et Heyer É. [2022], « Le mystère autour de l'emploi s'épaissit », *Blog de l'OFCE*, 14 juin.

Ducoudré B. et Heyer É. [2017], « Quel nouveau sentier de croissance de la productivité du travail ? Une analyse pour six grands pays développés », *Revue de l'OFCE*, n° 152.

Héyer É. et Timbeau X. (dir.) [2021], « La vague espérée de la reprise. Perspectives 2021-2022 pour l'économie française », *Policy Brief de l'OFCE*, n° 95, 13 octobre.

— [2022a], « L'économie mondiale sous le(s) choc(s) », *Policy Brief de l'OFCE*, n° 106, 25 mai.

— [2022b], « La croissance à l'épreuve des chocs : perspectives pour l'économie française 2022 », *Policy Brief de l'OFCE*, n° 107, 8 juin.

Koubi M. et Marrakchi A. [2017], « Projections de la population active à l'horizon 2070 », *Document de travail de l'Insee*, n° F1702.

Reynes F. *et al.* [2021], « ThreeME Version 3 : multi-sector macroeconomic model for the evaluation of environmental and energy policy. A full description », *Working Paper*.

Timbeau X., Aurissergues E. et Heyer É. [2021], « La dette publique au xxe siècle : une analyse de la dynamique de la dette publique avec Debtwatch », *Policy Brief de l'OFCE*, n° 93, 11 octobre.

4 / L'apprentissage : de la réforme à l'excès

Bruno Coquet

L'apprentissage est un dispositif très prisé car il favorise l'insertion professionnelle des jeunes, en particulier ceux sortis prématurément du système scolaire. Ce parcours qualifiant permet d'acquérir à la fois un diplôme reconnu et une expérience professionnelle qui débouche souvent sur une embauche définitive [Abriac *et al.*, 2009].

En France, depuis plusieurs décennies, tous les gouvernements ont ambitionné d'atteindre un objectif de 500 000 jeunes en apprentissage. Las, les entrées annuelles dans le dispositif n'ont qu'épisodiquement dépassé 300 000 dans la première moitié des années 2010, le stock plafonnant à 450 000.

Une réforme qui a rapidement porté ses fruits

La loi de 2018 « pour la liberté de choisir son avenir professionnel » a profondément réformé le dispositif d'apprentissage : simplification des aides, procédures débureaucratisées, accès élargi à de nouveaux bénéficiaires et ouverture à de nouveaux acteurs, le tout financé par un redéploiement des moyens budgétaires antérieurs (voir encadré 1).

Un modèle de réforme structurelle : bien préparée, précise, qui a immédiatement libéré l'offre de formation en apprentissage, relançant le recours des employeurs à ce dispositif et convainquant de nombreux jeunes de s'inscrire dans ces formations en alternance.

Prudente, l'étude d'impact de la réforme tablait sur une hausse très modeste des entrées en apprentissage (+ 3 % par an) [Loi pour

Encadré 1. La réforme de l'apprentissage

2019 : Âge maximum, incitations financières

– Âge limite d'éligibilité relevé de 25 à 29 ans révolus (sans limite d'âge pour les travailleurs handicapés).

– Durée minimale du contrat réduite de 12 à 6 mois.

– Nouvelle aide unique créée pour les apprentis des entreprises de moins de 250 salariés préparant un diplôme jusqu'au niveau du bac : 4 125 euros la 1re année, 2 000 euros la 2e, 1 200 euros la 3e. Elle simplifie et remplace les quatre aides antérieures. Le montant total de l'aide unique n'est que légèrement plus généreux.

– Éligibilité du contrat d'apprentissage aux allègements généraux de cotisations sociales, plus généreux (+ 1,258 Md vs 1 Md en 2019 pour les allègements spécifiques préexistants). Exonération spécifique maintenue pour les employeurs publics non éligibles aux allègements généraux.

– Exonérations d'impôt sur le revenu, de cotisations sociales salariés (totale dans la limite de 79 % du SMIC) et exonération totale de CSG et de CRDS maintenues.

– Les salaires minima des apprentis, fixés en fonction du SMIC horaire, revalorisés de + 2 % pour les moins de 21 ans.

2020 : Gouvernance, institutions et financement

– Les branches professionnelles deviennent chef de file en matière d'apprentissage, via les opérateurs de compétences (OPCO) et France Compétences, en lieu et place des Régions.

– Les centres de formation d'apprentis (CFA) ne sont plus financés par les régions et perdent l'exclusivité des contrats d'apprentissage, qui peuvent être proposés par les autres organismes de formation.

– Les Urssaf assurent la collecte de la taxe d'apprentissage à la place des OPCA (organismes paritaires collecteurs agréés).

– La taxe d'apprentissage est désormais affecté à France Compétences et aux OPCO, qui la reversent aux CFA agréés, suivant un niveau fixé par branche et en fonction du nombre de contrats signés et des diplômes ou titres concernés.

– Chaque formation bénéficie d'un financement connu par les CFA, stable pour deux ans, sans limite de volume.

la liberté de choisir son avenir professionnel, 2018, p. 124]. En effet, si la baisse du coût du travail consécutive à la bascule vers l'allègement général de cotisations sociales était d'une ampleur significative, la nouvelle aide unique instituée par la réforme ne procurait pas un avantage économique décisif par rapport à la somme des aides antérieures (PLFSS 2019, annexe 9), mais elle était moins conditionnée au profil des apprentis et accessible à un plus grand nombre d'employeurs. L'extension des populations éligibles, du salaire minimum, de l'offre de formation, et la simplification du dispositif jouaient dans un sens positif mais difficilement quantifiable *ex ante*.

Dès 2019, 368 000 contrats ont été signés, 14,9 % de plus que l'année précédente. Même si le dynamisme du marché du travail a pu favoriser les entrées, l'effet de la réforme est immédiatement visible dans les caractéristiques des nouveaux contrats d'apprentissage, qui s'ouvrent à des publics non éligibles à l'aide unique.

L'impact de l'extension des catégories d'âge est net : + 13,8 % (+ 8 000) pour les moins de 25 ans, + 58,5 % (+ 5 400) pour les 26 ans et plus, avec une évolution parallèle des diplômes préparés, + 32,3 % (+ 34 800) pour les diplômes préparés supérieurs au bac contre + 4,1 % (+ 8 100) pour les diplômes inférieurs ou égaux au baccalauréat. Le seuil symbolique des 500 000 contrats d'apprentissage en cours est atteint fin 2019.

Aide exceptionnelle, effets exceptionnels

Ces premiers effets de la réforme ont largement dépassé les attentes, mais ils restent modérés en comparaison de ceux engendrés par l'aide exceptionnelle introduite en juillet 2020 dans le cadre du plan France Relance, et renouvelée trois fois depuis.

Cette aide de 8 000 euros (5 000 euros pour les mineurs) remplace l'aide unique pour la première année du contrat. Tous les apprentis et la plupart des employeurs y sont éligibles. Elle implique un coût du travail nul ou réduit de 80 % du salaire brut pour les moins de 25 ans, sans aucune cotisation sociale, soit un niveau de subvention jamais atteint pour une aide à l'emploi, *a fortiori* non ciblée sur des catégories en difficulté et dans le secteur marchand.

S'ensuit un boom sans précédent des entrées en apprentissage, qui battent leur record historique en 2020 (531 100), aussitôt pulvérisé en 2021 avec plus de 733 500 nouveaux contrats et 892 000 contrats en cours en fin d'année (graphique 1).

L'évolution des caractéristiques des apprentis et de leurs employeurs illustre la synergie entre les réformes introduites par la loi de 2018 et l'aide exceptionnelle :

— les nouveaux contrats progressent d'autant plus vite que les apprentis sont âgés, renforçant la tendance préexistante : 57,9 % des entrants de 2021 ont plus de 20 ans, contre 21 % en 2000 et 38 % en 2018 juste avant la réforme. Jusqu'en 2020, le

Graphique 1. **Stock et flux d'apprentis par niveau de diplôme préparé**

Entrées (total annuel) et contrats en cours

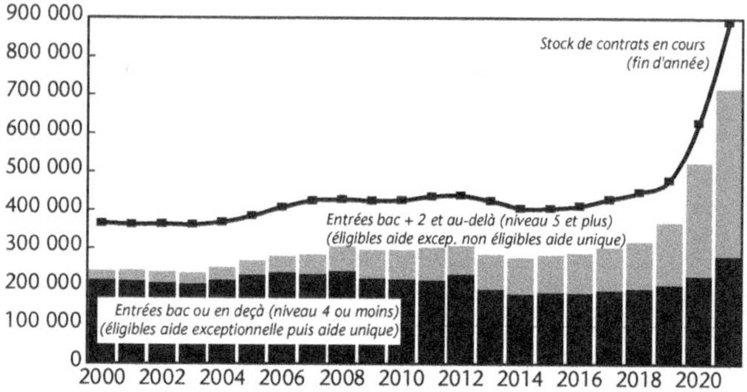

Sources : Dares ; calculs de l'auteur.

nombre de mineurs baissait en valeur absolue. La légère reprise observée en 2021 (+ 13,8 % *vs* 2018, contre + 189 % pour les autres tranches d'âge) masque mal le changement de nature de l'apprentissage, si profond que même cette prise en charge à 100 % peine à intégrer ces jeunes dans le dispositif ;

— cette évolution coïncide avec celle de l'apprentissage dans l'enseignement supérieur, particulièrement dopé par l'aide exceptionnelle, ces niveaux de diplômes n'étant pas éligibles à l'aide unique en temps normal : 60,5 % des entrants de 2021 préparent une formation bac + 2 ou au-delà (9,5 % en 2000, 38,4 % en 2018) ;

— les secteurs d'activité qui recrutent traditionnellement des apprentis augmentent leurs embauches, mais leur part dans l'ensemble se réduit : industrie (15,1 % des entrées en 2021, *vs* 21,1 % en 2018), construction (11,2 % en 2020 *vs* 16 % en 2018), hébergement-restauration (4,7 % *vs* 10,1%), coiffure et soins de beauté (3,4 % *vs* 5 %).

Ces résultats montrent que l'apprentissage est massivement utilisé pour favoriser l'accès à l'emploi de populations qui jusqu'alors s'inséraient très bien toutes seules [SIES, 2021]. À l'opposé, la réforme et les aides très généreuses ont un effet minime sur les entrées de jeunes plus à risque, pour lesquels ce dispositif a le plus de valeur ajoutée sur l'insertion dans l'emploi. Ceci surprend d'autant plus que ces derniers sont aussi visés par les parcours d'accompagnement intensif PACEA et la garantie jeune, dont l'un des objectifs est de déboucher sur l'emploi ou l'alternance.

Effets massifs sur l'emploi

Fin 2021, la France atteint le plus haut niveau d'emploi salarié de son histoire, avec près de 26 millions de contrats en cours. L'emploi des secteurs marchands dépasse le seuil des 20 millions de salariés, une première là aussi. Le taux d'emploi des 15-64 ans est au plus haut depuis plus de cinquante ans (67,5 %), notamment soutenu par la remontée du taux d'emploi des jeunes (32,8 %), au plus haut depuis trente ans.

L'effet sur l'emploi des entrées en apprentissage est très important. Avec 892 000 contrats en cours fin 2021, contre 499 000 fin 2019, 393 000 emplois d'apprentis auraient été créés en deux ans. Comme, dans le même temps, l'économie française a créé 645 000 emplois salariés, on peut en déduire que les nouveaux apprentis ont représenté 61 % des créations d'emplois depuis 2019. Hors apprentissage, le niveau de l'emploi aurait été supérieur de seulement 252 000 à ce qu'il était fin 2019.

La très forte hausse du taux d'activité, en particulier des jeunes, repose donc largement sur l'apprentissage, lui-même dopé par un niveau de subvention atypique.

Des objectifs ambitieux mais difficilement accessibles

Maintenir un rythme annuel d'entrées supérieur à 700 000 suppose que, chaque année, l'équivalent d'une génération passe par l'apprentissage. L'objectif du gouvernement d'atteindre 1 million de nouveaux apprentis pas an apparaît de ce fait insoutenable dans le long terme. Même à court terme, cet objectif paraît très difficile à atteindre. Bien sûr, il est possible qu'un plus grand nombre d'employeurs comprennent l'intérêt financier qu'ils peuvent retirer d'une embauche d'apprenti assortie de l'aide exceptionnelle. Mais accroître de 37 % le record d'entrées de 2021 nécessiterait certainement d'augmenter l'aide exceptionnelle – qui coûte extrêmement cher – et d'élargir encore le champ des publics et des employeurs éligibles. L'effort budgétaire semble démesuré, d'autant que, par ailleurs, le niveau de prise en charge des dépenses de formation par France Compétences commence à baisser. En outre, même si l'objectif était atteint, cette dépense resterait peu efficiente, compte tenu des caractéristiques des apprentis, de leurs employeurs et des diplômes préparés.

Il apparaît donc probable que l'aide exceptionnelle et les modalités qui lui sont associées devront tôt ou tard être revues à la baisse, conduisant au retour des entrées en apprentissage vers un rythme de croisière conforme aux incitations et aux aides de droit commun mises en place par la réforme de 2018, dans la ligne de celles observées à partir de la rentrée 2019.

Repères bibliographiques

Abriac D., Rathelot R. et Sanchez R. [2009], « L'apprentissage, entre formation et insertion professionnelles », *Insee Référence, Emploi et Formation.*

Cupillard É. [2021], « Une très forte augmentation des entrées en contrat d'apprentissage en 2020 », *Dares Focus*, n° 38.

Fauchon A. [2022], « L'apprentissage en 2021 : des entrées en forte hausse pour la deuxième année consécutive » *Dares Résultats*, n°42.

Loi pour la liberté de choisir son avenir professionnel [2018], *Étude d'impact.*

SIES [2021], « Une meilleure insertion sur le marché du travail pour les diplômés par la voie de l'alternance », *Note flash du SIES*, n° 8.

Table des matières

Introduction 3

PREMIÈRE PARTIE
L'état de l'économie française

1 / La situation conjoncturelle **5**

Hervé Péléraux et Mathieu Plane

La conjoncture n'est pas un long fleuve tranquille 5
Un rebond post-Covid interrompu au premier semestre 2022 7
Les chocs se multiplient 10
L'inflation importée va conduire à un choc négatif sur le pouvoir d'achat en 2022 11
Le taux de marge résiste mais masque des situations très hétérogènes 15
La croissance du PIB attendue à 2,6 % en 2022 et à 0,6 % en 2023 16
Le taux de chômage augmenterait en 2023 17
Du « quoi qu'il en coûte » à la gestion de la crise énergétique 19

2 / Plus d'un demi-siècle d'économie française pré-Covid **21**

Éric Heyer et Xavier Timbeau

1945-1973 : des Trente Glorieuses à la montée du chômage 22
Les chocs pétroliers, le ralentissement de la productivité 23
La construction européenne, l'inflation vaincue 24
Le retour temporaire de la croissance 28
De l'éclatement de la bulle Internet… 29
… à la formation de la bulle immobilière… 31
… débouchant sur la plus grande crise financière depuis 1929 32
Une politique européenne non coopérative 32

3 / La place de l'État dans l'économie **34**

Mathieu Plane et Raul Sampognaro

Un poids croissant des dépenses et de la dette publiques 35
La structure des dépenses publiques 37
Le rôle croissant de la protection sociale et des collectivités locales 38
Prélèvements obligatoires : le poids des cotisations employeurs 42
Heurs et malheurs des finances publiques 46

4 / Emploi et chômage **48**

Magali Dauvin et Pierre Madec

Emploi, croissance et productivité 48
Un marché du travail dual 52
Portrait des chômeurs français 55
2020-2021 : un marché du travail chahuté 60

5 / Le tissu productif en France **63**

Hervé Péléraux et Mathieu Plane

La mutation industrielle du système productif 64
Les nationalisations et privatisations 66
La compétitivité et l'attractivité de la France 66
Des cycles d'investissement marqués 72

SECONDE PARTIE

Dossiers thématiques

1 / Quelle évolution du pouvoir d'achat au cours du quinquennat 2017-2022 ? **79**

Pierre Madec, Mathieu Plane et Raul Sampognaro

Les évolutions macroéconomiques du pouvoir d'achat en France 79
Quelle évolution du pouvoir d'achat au cours du quinquennat 2017-2022 ? 81
Quelles sont les composantes qui expliquent les variations du pouvoir d'achat ? 82
Quelle contribution des revenus du travail au pouvoir d'achat ? 82
Quelle contribution des prélèvements fiscaux et sociaux ? 84
Effets redistributifs des mesures sociofiscales prises au cours du quinquennat 85
Effets de l'amélioration de l'emploi depuis le début du quinquennat 89
Mesures sociofiscales, évolution de l'emploi : quels effets sur les inégalités de niveau de vie ? 91

2 / Le marché du travail au cours du dernier quinquennat 95

Magali Dauvin et Éric Heyer

Une baisse du chômage vertueuse en France 95
Une amélioration de l'emploi en France pour toutes les catégories… 98
… et meilleure qu'anticipée au cours de la crise de la Covid-19 99

3 / Quelle trajectoire pour l'économie française au cours du prochain quinquennat ? 104

Éric Heyer, Xavier Timbeau et Mathieu Plane

Quelle évolution de la croissance potentielle à l'horizon 2027 ? 105
Quel contexte économique à l'horizon 2027 ? 106
Quelle trajectoire de croissance à l'horizon 2027 ? 109
Le déficit public se réduirait mais reviendrait à seulement 3,7 % du PIB en 2027 109

4 / L'apprentissage : de la réforme à l'excès 117

Bruno Coquet

Une réforme qui a rapidement porté ses fruits 117
Aide exceptionnelle, effets exceptionnels 119
Effets massifs sur l'emploi 121
Des objectifs ambitieux mais difficilement accessibles 121

Collection

R E P È R E S

Créée par Michel FREYSSENET et Olivier PASTRÉ (en 1983).

Dirigée par Jean-Paul PIRIOU (1987-2004), puis par Pascal COMBEMALE,

avec Serge AUDIER, Stéphane BEAUD, André CARTAPANIS, Jean-Paul DELÉAGE, Françoise DREYFUS, Yannick L'HORTY, Dominique MERLLIÉ, Philippe RIUTORT, Cédric TELLENNE et Franck-Dominique VIVIEN.

Coordination et réalisation éditoriale : Marieke JOLY.

Le catalogue complet de la collection *REPÈRES* est disponible sur notre site :

www.collectionreperes.com

Composition OFCE, Paris.
Achevé d'imprimer sur les presses de
La Nouvelle Imprimerie Laballery à Clamecy (Nièvre).
Dépôt légal du 1er tirage : novembre 2022
Suite du 1er tirage (2) : juin 2023
N° de dossier : 305633

Imprimé en France